Basler Schriften zum Marketing
Band 32

Herausgegeben von
M. Bruhn, Basel, Schweiz

Manfred Bruhn · Sieglinde Martin
Stefanie Schnebelen

Integrierte Kommunikation in der Praxis

Entwicklungsstand in deutschsprachigen Unternehmen

Manfred Bruhn
Universität Basel
Schweiz

Stefanie Schnebelen
Universität Basel
Schweiz

Sieglinde Martin
Fachhochschule FHWien der WKW
Österreich

ISBN 978-3-658-05463-2   ISBN 978-3-658-05464-9 (eBook)
DOI 10.1007/978-3-658-05464-9

Die Deutsche Nationalbibliothek verzeichnet diese Publikation in der Deutschen Nationalbibliografie; detaillierte bibliografische Daten sind im Internet über http://dnb.d-nb.de abrufbar.

Springer Gabler
© Springer Fachmedien Wiesbaden 2014
Das Werk einschließlich aller seiner Teile ist urheberrechtlich geschützt. Jede Verwertung, die nicht ausdrücklich vom Urheberrechtsgesetz zugelassen ist, bedarf der vorherigen Zustimmung des Verlags. Das gilt insbesondere für Vervielfältigungen, Bearbeitungen, Übersetzungen, Mikroverfilmungen und die Einspeicherung und Verarbeitung in elektronischen Systemen.

Die Wiedergabe von Gebrauchsnamen, Handelsnamen, Warenbezeichnungen usw. in diesem Werk berechtigt auch ohne besondere Kennzeichnung nicht zu der Annahme, dass solche Namen im Sinne der Warenzeichen- und Markenschutz-Gesetzgebung als frei zu betrachten wären und daher von jedermann benutzt werden dürften.

Gedruckt auf säurefreiem und chlorfrei gebleichtem Papier

Springer Gabler ist eine Marke von Springer DE. Springer DE ist Teil der Fachverlagsgruppe Springer Science+Business Media.
www.springer-gabler.de

Vorwort

Die Integrierte Kommunikation ist nicht nur ein Konzept, das sich in der wissenschaftlichen Diskussion etabliert hat, sondern bereits umfassend Einzug in die Kommunikationspraxis gehalten hat. Eine erste wissenschaftliche Auseinandersetzung mit der Verbindung einzelner Kommunikationsinstrumente geht zurück auf die siebziger Jahre, die in den 1990er Jahren eine Intensivierung erfuhr und bis heute nicht abgeklungen ist.

Die Gründe hierfür sind vielfältig und beziehen sich sowohl auf quantitative als auch auf qualitative Aspekte. In quantitativer Hinsicht führt insbesondere das zunehmende Angebot an Medien und die Anzahl beworbener Marken zu einer Atomisierung und Ausdifferenzierung der Medienlandschaft. Bei den Konsumenten schlägt sich dies in einer Steigerung der Werbeimpulse, einer Informationsüberlastung und damit einer sinkenden Kommunikationswirkung nieder. In qualitativer Hinsicht sind es der Wertewandel (zunehmende Individualisierungs-, Erlebnis- und Interaktionsorientierung) und kommunikationspolitische Reaktionen der Unternehmen auf diese Veränderungen, die die Notwendigkeit einer Integrierten Kommunikation herausstellen.

In diesem Sinne versucht das Konzept der Integrierten Kommunikation die Veränderungen aufzugreifen und ihnen mittels einer Abstimmung und Vernetzung der einzelnen Kommunikationsaktivitäten optimal zu begegnen, um Synergieeffekte zu nutzen und die Effektivität und Effizienz der Kommunikation zu steigern.

Die vorliegende Untersuchung nimmt dies zum Anlass und verwendet Angaben von 138 Unternehmen, um Aufschluss über den Entwicklungsstand der Integrierten Kommunikation in den deutschsprachigen Ländern zu geben. Angereichert werden die Erkenntnisse durch einen Längsschnittvergleich mit den empirischen Ergebnissen aus der vorangegangenen Erhebungswelle aus dem Jahr 2005.

Ausgehend von einem einleitenden Kapitel zur Notwendigkeit der Integrierten Kommunikation werden in Kapitel 2 das allgemeine Verständnis, Bedeutung und Ziele der Integrierten Kommunikation aus Sicht der Praxis eruiert. Die Angaben der befragten Unternehmen zur Planungsverantwortung der Integrierten Kommunikation werden in Kapitel 3 ausgewertet und die Ergebnisse wiedergegeben. In Kapitel 4 wird eine ausführliche Analyse der strategischen und konzeptionellen Ausrichtung der Integrierten Kommunikation vorgenommen. Diese beinhaltet Angaben zum strategischen Konzept der Integrierten Kommunikation und seinen Merkmalen. Kapitel 5 thematisiert die operative Ausrichtung der Integrierten Kommunikation. Hier wird neben den Formen der Umsetzung der Integrierten Kommunikation und dem Instrumenteeinsatz auf die internen Integrationsvoraussetzungen, Integrationsformen und Barrieren einer Integrierten Kommunikation eingegangen. Neuerungen betreffen vor allem das Kapitel 6, das sich dem Themenfeld Social Media widmet. Neben Auswertungen zum Einsatz und der Bedeutung von Social Media im Rahmen der Integrierten Kommunikation werden in diesem Kapitel damit einhergehende Fragen zu den Herausforderungen, Verantwortungszuordnung und Sicherstellung von Konsistenz untersucht. Diesem Kapitel schließt sich Kapitel 7 mit Ausführungen zur Erfolgsmessung und Kapitel 8 zu den Zukunftsperspektiven der Integrierten Kommunikation an. Den Abschluss der Studie bildet Kapitel 9 mit der Zusammenfassung der Ergebnisse.

Einschränkend sei darauf hingewiesen, dass die Repräsentativität der Ergebnisse aufgrund der geringen Stichprobegröße nicht gewährleistet werden kann und auch Befragungseffekte nicht auszuschließen sind. In erster Linie handelt es sich bei der vorliegenden Studie um eine Bestandsaufnahme zum Entwicklungsstand der Integrierten Kommunikation in den deutschsprachigen Ländern, weswegen die Auswertungen und Ergebnispräsentationen deskriptiven Charakter aufweisen. Dies liefert Spielräume für eigene Interpretationen und gibt sowohl Praktikern als auch Wissenschaftlern neue Einblicke, Erkenntnisgewinne und Anregungen in Bezug auf die Integrierte Kommunikation.

Vorwort

Ohne die Unterstützung weiterer Personen wäre die Realisierung dieser Studie nicht möglich gewesen. Besonderer Dank gilt den Unternehmen, die sich die Zeit genommen haben, den Fragebogen auszufüllen. Sie haben damit den Grundstock für diese Studie gelegt.

Weiterer Dank gebührt an dieser Stelle jenen Institutionen, die uns bei der Zurverfügungstellung von Adressmaterial unterstützt haben. Dies waren der Deutsche Kommunikationsverband e.V. (Deutschland), die Wirtz Partner Holding AG (Schweiz), und die FHWien der WKW (Österreich).

Ein ganz besonderer Dank gilt dem Institut für Kommunikation, Marketing & Sales der FHWien der WKW, die sowohl die Studie aus dem Jahr 2005 als auch die aktuelle Studie unterstützt haben. Hier geht der Dank besonders an Herrn Mag. Peter Winkler.

Danken möchten wir ebenfalls den beteiligten Personen an der Universität Basel, insbesondere Frau Dr. Grit Mareike Ahlers und Herrn Dipl.-Kfm. Thomas Prexl. Sie haben wesentlich durch ihren Einsatz an der Überarbeitung, Neukonzipierung und technischen Umsetzung des Fragebogens zur Entstehung dieser Studie beigetragen. Dank gilt auch Fiona Priester für die Formatierungsarbeiten.

Die Verfasser erhoffen sich, dass die vorliegende Studie den Lesern Anregungen und Denkanstöße für weitergehende, intensive Diskussionen bietet und auf breites Interesse sowohl bei Wissenschaftlern, Praktikern als auch Studierenden stößt.

Basel, im Frühjahr 2014

Manfred Bruhn
Sieglinde Martin
Stefanie Schnebelen

Inhaltsverzeichnis

Vorwort	V
Inhaltsverzeichnis	IX
Schaubildverzeichnis	XVII

1 Notwendigkeit der Integrierten Kommunikation   1
    1.1 Relevanz der Integrierten Kommunikationsarbeit   1
    1.2 Ziele der empirischen Untersuchung   2
    1.3 Design der empirischen Untersuchung   4

2 Allgemeines Verständnis, Bedeutung und Ziele der Integrierten Kommunikation   10
    2.1 Verständnis der Integrierten Kommunikation   10
    2.2 Einsatzdauer der Integrierten Kommunikation   11
       2.2.1 Dauer des Einsatzes der Integrierten Kommunikation   12
       2.2.2 Branchen- und unternehmensgrößenspezifische Unterschiede hinsichtlich der Einsatzdauer der Integrierten Kommunikation   13
       2.2.3 Einfluss der Einsatzdauer auf den Erfolg der Integrierten Kommunikation   14
       2.2.4 Einflüsse der Einsatzdauer auf die Umsetzungsprobleme der Integrierten Kommunikation   14
    2.3 Integrationsgrad der Kommunikation   16
       2.3.1 Einschätzung des Integrationsgrads der Kommunikation   16
       2.3.2 Branchen- und unternehmensgrößenspezifische Unterschiede hinsichtlich des Integrationsgrads der Kommunikation   18
       2.3.3 Auswirkung der Einsatzdauer auf den Integrationsgrad der Kommunikation   19
       2.3.4 Auswirkungen des Standes der Integrierten Kommunikation auf den Integrationserfolg   19

2.4 Zielsetzungen der Integrierten Kommunikation ... 19
   2.4.1 Zielsetzungen des Einsatzes der Integrierten Kommunikation ... 20
   2.4.2 Zielsetzungen der Integrierten Kommunikation in verschiedenen Branchensektoren ... 22
   2.4.3 Einflüsse der Planungsverantwortung auf die Ziele der Integrierten Kommunikation ... 23
   2.4.4 Einflüsse der Ziele der Integrierten Kommunikation auf den Instrumenteeinsatz ... 24

3 Planungsverantwortung für die Integrierte Kommunikation ... 26
   3.1 Planungsverantwortung der Integrierten Kommunikation ... 26
   3.2 Einfluss der Planungsverantwortung auf die Auswahl der Kommunikationsinstrumente ... 29
   3.3 Einfluss der Planungsverantwortung auf den Integrationsgrad der Kommunikation ... 30
   3.4 Ursachen für Probleme bei der Planung der Integrierten Kommunikation ... 31
   3.5 Einflüsse der Planungsverantwortung auf die Ursachen für Planungsprobleme ... 32

4 Strategische und konzeptionelle Ausrichtung der Integrierten Kommunikation ... 34
   4.1 Strategisches Konzept der Integrierten Kommunikation ... 34
      4.1.1 Ausmaß des Vorliegens eines Strategischen Konzepts der Integrierten Kommunikation ... 34 / 34
      4.1.2 Wirkungen der Einsatzdauer der Integrierten Kommunikation auf das Ausmaß des Vorliegens eines strategischen Konzepts ... 35
      4.1.3 Beteiligung externer Institutionen an der Konzeption der Integrierten Kommunikation ... 35 / 35
      4.1.4 Einflüsse des strategischen Konzepts auf den Integrationserfolg ... 37

Inhaltsverzeichnis XI

4.2 Merkmale des Konzepts der Integrierten Kommunikation	38
4.2.1 Merkmale des Konzepts der Integrierten Kommunikation	38
4.2.2 Zusammenhänge zwischen den Konzeptmerkmalen und der Planungsverantwortung der Integrierten Kommunikation	41
4.2.3 Zusammenhänge zwischen den Konzeptmerkmalen und den Gefahren der Integrierten Kommunikation	42
4.2.4 Zusammenhänge zwischen den Konzeptmerkmalen und den Erfolgswirkungen der Integrierten Kommunikation	42
5 Operative Ausrichtung der Integrierten Kommunikation	**45**
5.1 Formen der Umsetzung der Integrierten Kommunikation	45
5.2 Einsatz der Kommunikationsinstrumente innerhalb der Integrierten Kommunikation	46
5.2.1 Einbeziehung von Instrumenten in die Integrierte Kommunikation	47
5.2.2 Branchenspezifische Einbeziehung von Instrumenten in die Integrierte Kommunikation	49
5.2.3 Bedeutung der Kommunikationsinstrumente im Rahmen der Integrierten Kommunikation	52
5.2.4 Strategische und taktische Aufgaben der Kommunikationsinstrumente	53
5.2.5 Beziehungen zwischen den Kommunikationsinstrumenten	55
5.2.6 Typen von Kommunikationsinstrumenten	56
5.2.7 Verteilung des Kommunikationsbudgets	59
5.3 Interne Integrationsvoraussetzungen	62
5.3.1 Einschätzung der Integrationsvoraussetzungen	62
5.3.2 Einflüsse der internen Integrationsvoraussetzungen auf den Grad der Integrierten Kommunikation	67
5.3.3 Einflüsse der internen Integrationsvoraussetzungen auf den Integrationserfolg	67

5.4	Formen der Integrierten Kommunikation	69
	5.4.1 Einsatz der Integrationsformen	70
	5.4.2 Einsatz der Integrationsformen in verschiedenen Branchen	72
	5.4.3 Wirkungen der Einsatzdauer der Integrierten Kommunikation auf die Verwendung der Integrationsformen	72
	5.4.4 Zusammenhänge zwischen der Verantwortungszuordnung und der Verwendung der Integrationsformen	73
	5.4.5 Wirkungen eines strategischen Konzepts der Integrierten Kommunikation auf die Verwendung der Integrationsformen	74
	5.4.6 Einfluss der Integrationsformen auf den Integrationsgrad	77
	5.4.7 Einfluss der Integrationsformen auf den Integrationserfolg	77
5.5	Barrieren der Umsetzung der Integrierten Kommunikation	78
	5.5.1 Barrieren der Integrierten Kommunikation	79
	5.5.2 Einflüsse der unternehmensinternen Verantwortungszuordnung auf die Barrieren der Integrierten Kommunikation	81
	5.5.3 Einflüsse der Umsetzungsformen auf die Barrieren einer Integrierten Kommunikation	82
	5.5.4 Einfluss der Umsetzungsbarrieren auf den Integrationsgrad der Kommunikation	83

6 Stellung von Social Media im Rahmen der Integrierten Kommunikation — **85**

6.1	Einsatzfelder von Social Media	85
	6.1.1 Einsatzdauer von Social Media	86
	6.1.2 Einsatzzwecke von Social Media im Zuge der Integrierten Kommunikation	87
	6.1.3 Einsatz von Social Media-Anwendungen im Rahmen der Integrierten Kommunikation	88
	6.1.4 Einfluss der Einsatzzwecke von Social Media auf den Einsatz von Social Media-Anwendungen im Rahmen der Integrierten Kommunikation	89

6.1.5 Einfluss der Einsatzzwecke von Social Media auf die
Herausforderungen der Integrierten Kommunikation 90
6.1.6 Einfluss der Einsatzdauer auf den Einsatz von
Social Media- Anwendungen 91
6.2 Bedeutung von Social Media im Rahmen der Integrierten
Kommunikation 92
6.2.1 Stellenwert von Social Media 93
6.2.2 Integrationsausmaß von Social Media 94
6.2.3 Einfluss des Stellenwerts auf den Integrationsgrad von
Social Media 95
6.2.4 Einfluss der Einsatzdauer von Social Media auf das
Integrationsausmaß von Social Media 95
6.2.5 Einfluss des Integrationsausmaßes von Social Media auf
den Erfolg der Integrierten Kommunikation 95
6.3 Herausforderungen bei der Integration von Social Media in
den Kommunikationsmix 96
6.3.1 Inhaltliche Herausforderungen der Integration von
Social Media in den Kommunikationsmix 96
6.3.2 Organisatorische Herausforderungen der Integration
von Social Media in den Kommunikationsmix 97
6.3.3 Personelle Herausforderungen der Integration von
Social Media in den Kommunikationsmix 98
6.4 Verantwortungszuordnung der Social Media-Kommunikation 100
6.4.1 Verantwortungszuordnung der Social Media-
Kommunikation 100
6.4.2 Einfluss der Verantwortungszuordnung auf den
Stellenwert von Social Media im Rahmen der
Integrierten Kommunikation 102
6.4.3 Einfluss der Verantwortungszuordnung auf das
Integrationsausmaß von Social Media 102

6.5 Sicherstellung von Konsistenz im Rahmen der Social Media-
Kommunikation ... 103
    6.5.1 Sicherstellung von Konsistenz im Rahmen der Social
Media-Kommunikation ... 103
    6.5.2 Einfluss der Planungsverantwortung auf die Sicherstellung
von Konsistenz im Rahmen der Social Media-
Kommunikation ... 104
    6.5.3 Einfluss der Sicherstellung einer konsistenten Social
Media-Kommunikation auf das Integrationsausmaß ... 105

7 Erfolgsmessung der Integrierten Kommunikation ... 106
7.1 Instrumente zur Messung des integrierten Kommunikationserfolgs ... 107
7.2 Kennzahlen zur Steuerung der Integrierten Kommunikation ... 109
7.3 Instrumente des integrierten Kommunikationscontrollings ... 109
7.4 Ebenen der Erfolgsmessung ... 110
7.5 Erfassung von Synergien ... 111

8 Zukunftsperspektiven der Integrierten Kommunikation ... 113
8.1 Gefahren einer Integrierten Kommunikation ... 113
    8.1.1 Einschätzung potenzieller Gefahren einer Integrierten
Kommunikation ... 113
    8.1.2 Auswirkungen der Probleme einer Integrierten
Kommunikation auf die Einschätzung potenzieller
Gefahren ... 115
8.2 Zukünftige Bedeutung der Integrierten Kommunikation als
strategischer Erfolgsfaktor ... 116
8.3 Zukünftige Herausforderungen einer Integrierten Kommunikation ... 117
    8.3.1 Einschätzung der zukünftigen Herausforderungen einer
Integrierten Kommunikation ... 118
    8.3.2 Auswirkungen der Probleme einer Integrierten
Kommunikation auf die Einschätzungen der
Herausforderungen ... 120

9 Zusammenfassung und Implikationen **122**

9.1 Zusammenfassung der Ergebnisse 122

9.2 Implikationen für die Praxis 126

Literaturverzeichnis **131**

Anhang **133**

Schaubildverzeichnis

Schaubild 1:	Verteilung der Untersuchungsstichprobe auf Branchensektoren	5
Schaubild 2:	Finanzielle Entwicklung der untersuchten Unternehmen seit der Beschäftigung mit der Integrierten Kommunikation	6
Schaubild 3:	Größe der Unternehmen anhand der Zahl der Mitarbeiter	7
Schaubild 4:	Funktionsbereiche	8
Schaubild 5:	Verständnis der Integrierten Kommunikation	11
Schaubild 6:	Dauer des Einsatzes der Integrierten Kommunikation	13
Schaubild 7:	Einfluss der Einsatzdauer auf den Erfolg der Integrierten Kommunikation	14
Schaubild 8	Wirkungsbeziehung zwischen der Einsatzdauer der Integrierten Kommunikation und auftretenden Umsetzungsproblemen	15
Schaubild 9:	Aktueller Stand des Einsatzes der Integrierten Kommunikation	17
Schaubild 10:	Entwicklung des Integrationsgrads der Kommunikation	18
Schaubild 11:	Bedeutung der Ziele der Integrierten Kommunikation	21
Schaubild 12:	Entwicklung der Bedeutung der Ziele der Integrierten Kommunikation 2013 und 2005	22
Schaubild 13:	Verantwortung für die Planung der Integrierten Kommunikation	27
Schaubild 14:	Entwicklung der Verantwortung für die Planung der Integrierten Kommunikation von 2005 und 2013	28
Schaubild 15:	Ursachen für Probleme bei der Planung der Integrierten Kommunikation	31
Schaubild 16:	Entwicklung der Problemursachen bei der Planung der Integrierten Kommunikation 2005 und 2013	32
Schaubild 17:	Ausmaß des Vorliegens eines Strategischen Konzepts der Integrierten Kommunikation	35
Schaubild 18:	Beteiligung externer Institutionen an der Erarbeitung des Konzepts der Integrierten Kommunikation	36
Schaubild 19:	Beteiligung externer Institutionen an der Entwicklung eines Konzepts der Integrierten Kommunikation	37
Schaubild 20:	Merkmale des Konzepts der Integrierten Kommunikation	39
Schaubild 21:	Entwicklung der Merkmale des Konzepts der Integrierten Kommunikation 2013 und 2005	41

Schaubild 22: Einsatz verschiedener Formen der Umsetzung der
Integrierten Kommunikation ... 46
Schaubild 23: Einbeziehung von Kommunikationsinstrumenten in die
Integrierte Kommunikation ... 48
Schaubild 24: Entwicklung der Einbeziehung von Kommunikations-
instrumenten in die Integrierte Kommunikation 2013
und 2005 ... 49
Schaubild 25: Unterschiede zwischen den Unternehmen verschiedener
Branchensektoren beim Einsatz der Kommunikations-
instrumente ... 51
Schaubild 26: Bedeutung der Kommunikationsinstrumente im Rahmen der
Integrierten Kommunikation ... 53
Schaubild 27: Strategische und taktische Aufgaben von
Kommunikationsinstrumenten ... 54
Schaubild 28: Beziehungen zwischen Kommunikationsinstrumenten ... 56
Schaubild 29: Typen von Kommunikationsinstrumenten innerhalb der
Integrierten Kommunikation ... 57
Schaubild 30: Typen von Kommunikationsinstrumenten im Vergleich
von 2013 und 2005 ... 59
Schaubild 31: Verteilung des Kommunikationsbudgets auf die einzelnen
Kommunikationsinstrumente ... 60
Schaubild 32: Entwicklung der Budgetverteilung auf die einzelnen
Kommunikationsinstrumente ... 61
Schaubild 33: Integrationsorientierte Strukturen ... 63
Schaubild 34: Integrationsorientierte Systeme ... 64
Schaubild 35: Integrationsorientierte Prozesse ... 65
Schaubild 36: Integrationsorientierte Kultur ... 66
Schaubild 37: Einsatz verschiedener Formen der Integrierten
Kommunikation ... 71
Schaubild 38: Unterschiede zwischen dem Vorliegen eines strategischen
Konzepts und den Integrationsformen der Integrierten
Kommunikation ... 76
Schaubild 39: Barrieren der Integrierten Kommunikation ... 79
Schaubild 40: Entwicklung der Barrieren gegenüber der Integrierten
Kommunikation 2013 und 2005 ... 81
Schaubild 41: Einsatzdauer von Social Media im Kommunikationsmix ... 86
Schaubild 42: Einsatzzwecke der Social Media Kommunikation im
Rahmen der Integrierten Kommunikation ... 87
Schaubild 43: Social Media-Anwendungen im Rahmen der Integrierten
Kommunikation ... 88

Schaubildverzeichnis XIX

Schaubild 44:	Stellenwert von Social Media im Rahmen der Integrierten Kommunikation	93
Schaubild 45:	Integrationsgrad von Social Media im Rahmen der Integrierten Kommunikation	94
Schaubild 46:	Inhaltliche Herausforderungen bei der Integration von Social Media	97
Schaubild 47:	Organisatorische Herausforderungen bei der Integration von Social Media	98
Schaubild 48:	Personelle Herausforderung bei der Integration von Social Media	99
Schaubild 49:	Verantwortungszuordnung der Social Media-Kommunikation	101
Schaubild 50:	Sicherstellung einer konsistenten Social Media-Kommunikation	104
Schaubild 51:	Einsatz verschiedener Instrumente zur Messung des Kommunikationserfolgs	107
Schaubild 52:	Entwicklungen des Einsatzes von Verfahren im Rahmen der Erfolgskontrolle der Integrierten Kommunikation 2013 und 2005	108
Schaubild 53:	Einsatz von Kennzahlen zur Steuerung der	109
Schaubild 54:	Einsatz von Instrumenten des Kommunikationscontrollings	110
Schaubild 55:	Erfassungsebenen des Erfolgs von Kommunikationsmaßnahmen	111
Schaubild 56:	Erfassung von Synergieeffekten verschiedener Kommunikationsinstrumente	112
Schaubild 57:	Gefahren einer Integrierten Kommunikation	114
Schaubild 58:	Entwicklung der Einschätzung potenzieller Gefahren einer Integrierten Kommunikation 2005 und 2013	115
Schaubild 59:	Zukünftige Bedeutung der Integrierten Kommunikation als strategischer Erfolgsfaktor	117
Schaubild 60:	Zukünftige Herausforderungen der Integrierten Kommunikation	119

1 Notwendigkeit der Integrierten Kommunikation

1.1 Relevanz der Integrierten Kommunikationsarbeit

Eine aktive und gezielte Kommunikation wird für eine erfolgreiche Unternehmensführung zunehmend erfolgsentscheidend. In vielen Unternehmen ist sie daher fester Bestandteil des Marketingmix und gilt als strategischer Erfolgsfaktor. Die Kommunikationsarbeit eines Unternehmens dient auf der einen Seite der Darstellung des Unternehmens und auf der anderen Seite dem Aufbau von Interaktionsbeziehungen mit dessen Anspruchsgruppen (vgl. Bruhn 2013, S. 5).

Insbesondere in den vergangenen Jahren ist ein Umdenken zu beobachten. Unternehmen sind zu der Einsicht gelangt, dass für eine erfolgreiche Kommunikationsarbeit nicht der isolierte Einsatz einzelner Kommunikationsinstrumente, sondern eine konsequente inhaltliche, formale und zeitliche Abstimmung sämtlicher Instrumente notwendig ist. Der Bedeutungszuwachs der Integrierten Kommunikation ist auf qualitative und quantitative **Veränderungen in den Kommunikations- und Medienmärkten** zurückzuführen (vgl. Bruhn 2009).

Quantitative Veränderungen vollziehen sich sowohl auf Anbieter- als auch auf Nachfragerseite. Auf Anbieterseite unterstreichen insbesondere die Medieninflation, die durch das Aufkommen neuer Medien weiter verschärft wird und der damit einhergehende Anstieg der Werbeimpulse und -investitionen die Notwendigkeit einer aufeinander abgestimmten Kommunikation. Diese Veränderungen bleiben nicht ohne Folgen auf der Nachfragerseite. Informationsüberlastung, selektive Mediennutzung und Irritationen durch Widersprüche sind die Konsequenzen auf Seiten der Konsumenten (vgl. Bruhn 2009, S. 2f.). **Qualitative Veränderungen** zeigen sich in einem zunehmenden Wertewandel und veränderten Medienverhalten der Konsumenten. Letzteres wird überwiegend bedingt durch die Zunahme neuer Medien wie das Internet und Social Media-Anwendungen. Ersteres umfasst die Wellness-, Erlebnis- und Interaktionsorientierung. Für Unternehmen bietet sich damit die Möglichkeit, vielseitige Kommunikationsprozesse zu initiieren. Die Schaffung und Abstimmung von Kommunikationsräumen, innerhalb derer Interaktionen zwischen Unternehmen und Kunden sowie der Kunden untereinander stattfinden, entwickelt sich zunehmend zu einem zentralen Gestaltungselement der Integrierten Kommunikation im Zeitalter des Web 2.0.

Die aufgezeigten Entwicklungen unterstreichen die Notwendigkeit eines eigenständigen, konsistenten und prägnanten kommunikativen Marktauftritts von Unternehmen im Sinne einer **Integrierten Kommunikation**. Eng damit verbunden ist ein systematisches Vorgehen bei der Planung, Konzeption und Umsetzung der Kommunikation von Unternehmen. Auf diese Weise verschaffen sich Unternehmen eine gute Ausgangsposition, um die Marke in den Köpfen der Zielgruppen fest zu verankern sowie Wirkungssynergien und Lerneffekte zu realisieren.[1]

1.2 Ziele der empirischen Untersuchung

Die Relevanz der Integrierten Kommunikation wird bereits in der Forschung diskutiert und erfreut sich zunehmend empirischer Evidenz (vgl. u. a. Low 2000; Reid 2005; Kitchen/Kim/Schultz 2008). In der Praxis ist der Stellenwert der **Integrierten Kommunikation als Konzept der Unternehmens- und Marketingkommunikation** als strategischer Wettbewerbsfaktor ebenfalls bereits erkannt worden und gewinnt zusehends an Bedeutung.

Nichtsdestotrotz zeigt sich in der Praxis, dass die Umsetzung der Integrierten Kommunikation häufig mit Schwierigkeiten verbunden ist und stellenweise nur unvollständig oder gar nicht erfolgt. Für Unternehmen stellt sich die zentrale

---

[1] Zur ausführlichen Diskussion und Analyse der Gründe der Notwendigkeit einer Integrierten Kommunikation vgl. Schultz 1996, S. 140ff.; Esch 2011, S. 1ff.; von Werder/Grundei/Talaulicar 2002, S. 397f.; Bruhn 2009, S. 1ff.; Zerfaß 2010, S. 287ff.; Finne/Grönroos 2009, S. 179f.

Ziele der empirischen Untersuchung

Frage, was sich hinter dem Begriff der Integrierten Kommunikation verbirgt, wie sie konkret auszugestalten ist und welchen Erfolgsbeitrag sie in der Lage ist zu leisten.

In diesem Zusammenhang wurde im Jahr 1991 erstmals ein Kooperationsprojekt zwischen der European Business School und dem Deutschen Kommunikationsverband BDW initiiert. Befragt wurden Unternehmen in Deutschland zur Thematik einer Integrierten Kommunikation (vgl. Bruhn/Zimmermann 1993). Eine zweite Erhebung in aktualisierter Form folgte 1998, die vom Lehrstuhl für Marketing und Unternehmensführung des Wirtschaftswissenschaftlichen Zentrum (WWZ) der Universität Basel in Kooperation mit dem Kommunikationsverband.de in Deutschland und der Schweiz durchgeführt wurde (vgl. Bruhn/ Boenigk 1999). Gemeinsam mit der BBDO Germany GmbH und dem Lehrstuhl für Marketing und Unternehmensführung des WWZ der Universität Basel wurde der Fragebogen im Jahr 2005 stellenweise überarbeitet und eine erneute Datenerhebung in Deutschland, Österreich und der Schweiz durchgeführt. Sämtliche Erhebungswellen dienten dem Ziel, durch eine Längsschnittanalyse Erkenntnisse über Veränderungen des Entwicklungsstandes der Integrierten Kommunikation zu gewinnen. 2012/2013 erfolgte die letzte Erhebungswelle, gemeinsam mit dem Kommunikationsverband.de und Institut für Kommunikation, Marketing & Sales der FHWien der WKW. Die aktuelle Umfrage knüpft an die Tradition bisheriger Erhebungswellen an, entsprechende Anpassungen erfolgten durch Kürzungen und Ergänzungen nach Aktualitätsgesichtspunkten. Diese betreffen insbesondere den Social Media-Teil, internen Integrationsvoraussetzungen und den Kommunikationscontrolling-Teil. Vergleiche zwischen den Jahren 2005 und 2013 wurden bei Fragen vorgenommen, die Gegenstand beider Erhebungswellen waren.

Übergeordnetes Ziel der Erhebungswelle 2013 ist es, den aktuellen Entwicklungsstand der Integrierten Kommunikation in deutschsprachigen Unternehmen zu untersuchen und Veränderungen der integrierten Kommunikationsarbeit gegenüber der vorherigen Erhebung 2005 aufzuzeigen. Zur Erreichung dieses Ziels sind **verschiedene Teilziele** zu verfolgen, die sich auf die unterschiedlichen Phasen der Integrierten Kommunikation beziehen. So besteht das **erste Teilziel**

in der Untersuchung des allgemeinen Verständnisses, Bedeutung und Ziele der Integrierten Kommunikation. Das **zweite Teilziel** ist es, Aufschluss über die Planung der Integrierten Kommunikation in der Praxis zu erhalten. Gegenstand des **dritten Teilziels** ist die Umsetzung der Integrierten Kommunikation auf strategischer, konzeptioneller und operativer Ebene. Das **vierte Teilziel** beinhaltet die Auswertung der Befragung zu Social Media-Themen. Inhalt des **letzten Ziels** stellt die Erfolgskontrolle und Evaluation der Zukunftsperspektiven der Integrierten Kommunikation dar.

1.3 Design der empirischen Untersuchung

Die empirische Bestandsaufnahme der Integrierten Kommunikation basiert auf Daten, die mithilfe einer **Online-Befragung** gewonnen wurden. Der neue Fragebogen gleicht inhaltlich dem der Erhebungswelle von 2005, wurde jedoch stark gekürzt, aktualisiert und um Aspekte der Social Media-Kommunikation und internen Integrationsvoraussetzungen erweitert. Die Beurteilung der Probanden wird auf einer Acht-Punkte-Likert-Skala erfasst. Der 20-seitige Fragebogen ist im Anhang (S. 109ff.) beigefügt.

Die **Datenbasis** bildeten 2.754 Unternehmen aus der Schweiz, Österreich und Deutschland. In der Schweiz und Österreich wurden die jeweilig verantwortlichen Mitarbeitenden aus dem Bereich Marketing-Kommunikation per E-Mail persönlich angeschrieben und gebeten, über den beigefügten Link an der Befragung teilzunehmen. Die deutschen Unternehmen wurden über den Newsletter des Kommunikationsverbandes auf die Umfrage aufmerksam gemacht und zur Teilnahme aufgefordert. Deshalb blieb in diesem Fall eine persönliche Ansprache aus. Der Rücklauf betrug gesamthaft 154 Fragebögen. Dies entspricht einer Rücklaufquote von lediglich ca. 5,7 Prozent. Für die Auswertung verblieben nach Elimination derjenigen Fragebögen der Unternehmen, die sich noch nicht mit der Integrierten Kommunikation beschäftigen, **138 Fragebögen**.

Design der empirischen Untersuchung 5

Ein Blick auf die **deskriptiven Statistiken** gibt erste Aufschlüsse über die Zusammensetzung und Aufteilung der Datenbasis. Hinsichtlich der firmendemografischen Variablen wurde zunächst die **branchenspezifische Verteilung** der Stichprobe betrachtet. Die Auswertung zeigt, dass der größte Teil der Unternehmen (47,1 Prozent) der Kategorie der Dienstleistungsanbieter zuzuordnen ist. Gebrauchsgüterhersteller sind dagegen am wenigsten in der Stichprobe vertreten. Schaubild 1 gibt einen Überblick über die Verteilung der befragten Unternehmen auf die verschiedenen Branchensektoren.

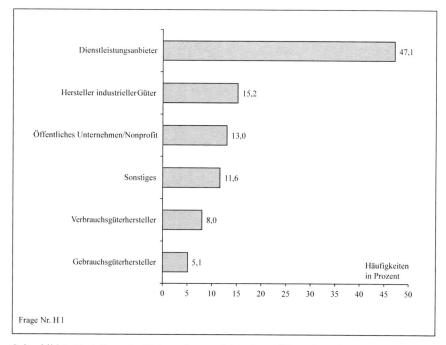

Schaubild 1: Verteilung der Untersuchungsstichprobe auf Branchensektoren

Hinsichtlich der **Erfolgsentwicklung** der Unternehmen lässt sich festhalten, dass sich sowohl Markt- (Bekanntheitsgrad, Kundenzufriedenheit, Image, Kundenbindung) als auch ökonomische Erfolgsgrößen (Absatz, Umsatz, ROI) seit Beschäftigung mit der Integrierten Kommunikation verbessert haben (siehe Schaubild 2). Bei 33,3 Prozent der befragten Unternehmen hat sich der Bekanntheitsgrad sehr verbessert, ebenso wie das Image (36,2 Prozent), Kundenzufriedenheit (34,1 Prozent) und Kundenbindung (33,4 Prozent). 88,1 Prozent der Unternehmen geben darüber hinaus an, dass sich ihr Umsatz stark bis eher stark verbessert hat. Bei nur 10,8 Prozent der Unternehmen hat sich der Umsatz sehr bis eher sehr verschlechtert. Insgesamt erfuhr das Image im Durchschnitt die größte Steigerung seit Beschäftigung der Integrierten Kommunikation.

Frage Nr. H 4

Messgröße	Mittelwert*	1	2	3	4	5	6	7	8
Bekanntheitsgrad	2,90	9,4	23,9	37,7	26,1	2,2	0,7	0,0	0,0
Image	2,87	11,6	24,6	34,8	25,4	1,4	2,2	0,0	0,0
Kundenzufriedenheit	3,05	5,8	28,3	29,7	29,7	4,3	2,2	0,0	0,0
Kundenbindung	3,12	5,1	28,3	29,0	26,8	8,7	2,2	0,0	0,0
Umsatz	2,98	14,5	28,3	15,9	30,4	8,7	1,4	0,7	0,0
Gewinn	3,26	10,9	18,8	21,0	34,8	13,0	0,0	1,4	0,0
ROI	3,34	7,2	25,4	14,5	37,0	12,3	2,2	1,4	0,0

(Häufigkeiten in Prozent, n = 138)
*Durchschnittswerte einer Skala von 1 = sehr verbessert bis 8 = sehr verschlechtert

Schaubild 2: Finanzielle Entwicklung der untersuchten Unternehmen seit der Beschäftigung mit der Integrierten Kommunikation

Im **Inland** beträgt die Anzahl Mitarbeiter zwischen 1 und 80.000, im Durchschnitt sind es 3.024 Mitarbeiter. Unternehmen mit mehr als 1.000 Mitarbeitern (35,5 Prozent) sind am stärksten in der Stichprobe vertreten, Unternehmen mit 501 bis 1.000 Mitarbeitern sind dagegen unterrepräsentiert. **Weltweit** beschäftigen die beteiligten Unternehmen zwischen 0 und 400.000 Mitarbeitern, mit einer durchschnittlichen Mitarbeiteranzahl von 15.679. Den größten Anteil in der Stichprobe machen Unternehmen mit einer Mitarbeiteranzahl von 0 bis 1.000 aus (62,9 Prozent). Die entsprechenden Ergebnisse sind in Schaubild 3 dargestellt.

Design der empirischen Untersuchung

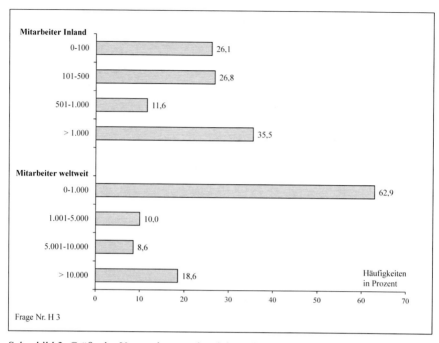

Schaubild 3: Größe der Unternehmen anhand der Zahl der Mitarbeiter

Bezüglich der **Abteilungszugehörigkeit** ist dokumentiert, dass die meisten Umfrageteilnehmer in der Funktion einer übergeordneten Stelle der Gesamtkommunikation tätig sind (40,7 Prozent). In der Marketingkommunikation, dem zweitgrößten Funktionsbereich, arbeiten 32,1 Prozent der Umfrageteilnehmer. Dem Funktionsbereich der Unternehmenskommunikation lassen sich 21,4 Prozent der Probanden zuordnen. Schaubild 4 gibt einen Überblick über die Abteilungszugehörigkeit.

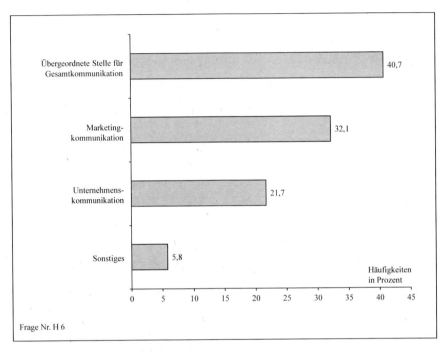

Schaubild 4: Funktionsbereiche

Die Studie gliedert sich in **sechs Untersuchungsbereiche**, die innerhalb des Fragebogens explizit benannt wurden:

(A) Allgemeines Verständnis und Bedeutung der Integrierter Kommunikation,

(B) Planung der Integrierten Kommunikation,

(C) Konzeption der Integrierten Kommunikation,

(D) Umsetzung der Integrierten Kommunikation,

(E) Kontrolle der Integrierten Kommunikation,

(F) Zukunftsperspektiven der Integrierten Kommunikation,

(G) Social Media,

(H) Allgemeine Angaben.

Design der empirischen Untersuchung

Die erhobenen Daten weisen meist ein ordinales Skalenniveau auf, jedoch erfordern die verwendeten Analysemethoden streng genommen das Vorhandensein von metrischen Daten. Dies lässt sich durch die Interpretation der Ratingskalen als „ordered metric" begründen. Sie stellt eine Mischform aus ordinaler und metrischer Skala dar, die eine relative Reihenfolge aller Abstände festzustellen vermag.

Die Auswertung der Daten erfolgte mithilfe des Statistikprogramms SPSS 21. Je nach Skalenniveau der Fragen kamen unterschiedliche **statistische Verfahren** zum Einsatz. Zu diesen zählten univariate Verfahren, wie Häufigkeitsauszählungen und Mittelwertberechnungen. Im Rahmen der bivariaten Verfahren wurden überwiegend Mittelwertvergleiche (t-Tests) und Regressionen berechnet. Bei den darüber hinaus eingesetzten Regressions- und Varianzanalysen handelte es sich um multivariate Verfahren. Längsschnittvergleiche zwischen den Jahren 2005 und 2013 wurden vereinfacht über Mittelwerte und Prozentangaben vorgenommen.

2 Allgemeines Verständnis, Bedeutung und Ziele der Integrierten Kommunikation

2.1 Verständnis der Integrierten Kommunikation

Die Frage zum Verständnis der Integrierten Kommunikation zu Beginn der Umfrage dient dazu, die Umfrageteilnehmer in die Thematik der Integrierten Kommunikation einzuführen. Als Basis für die weitere Auswertung der Ergebnisse ist es von Interesse herauszufinden, ob die Umfrageteilnehmer das gleiche Verständnis einer Integrierten Kommunikation ihren Antworten zugrunde legen, oder ob eine große Verständnisheterogenität vorliegt. Zu diesem Zweck wird in diesem Abschnitt die **Interpretation des Begriffs der Integrierten Kommunikation** näher beleuchtet.

Das Verständnis, welches die Umfrageteilnehmer von der Integrierten Kommunikation haben, deckt sich weitestgehend mit den vorgegebenen **Charakterisierungsmerkmalen der Integrierten Kommunikation**: strategischer und operativer Managementprozess, Herstellung einer Einheit der externen und internen Kommunikation und Vermittlung eines konsistenten Erscheinungsbildes des Unternehmens. Dieser Charakterisierung stimmen 84,8 Prozent der Umfrageteilnehmer vollständig bis eher zu, 13,8 Prozent haben zumindest ein recht ähnliches Verständnis der Integrierten Kommunikation. Schaubild 5 fasst die Ergebnisse zum Verständnis der Integrierten Kommunikation übersichtlich zusammen.

Einsatzdauer der Integrierten Kommunikation 11

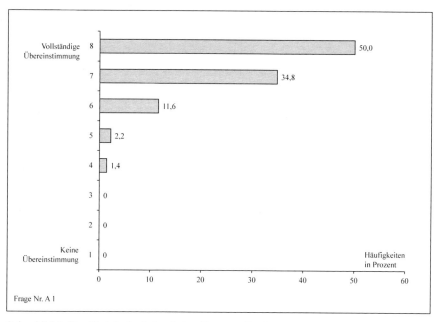

Schaubild 5: Verständnis der Integrierten Kommunikation

Gegenüber den Ergebnissen aus dem Jahr 2005 zeigen sich hinsichtlich des Verständnisses der Integrierten Kommunikation keine nennenswerten Veränderungen. Im Vergleich zu heute (97,8 Prozent) gaben im Jahr 2005 nahezu alle Befragten an (98,4 Prozent), dass sich ihr Verständnis der Integrierten Kommunikation vollständig oder zumindest größtenteils mit der vorgegebenen Definition deckt.

2.2 Einsatzdauer der Integrierten Kommunikation

Aufgrund der vielfältigen internen und externen Entwicklungen ist es für Unternehmen zunehmend wichtiger, ihre Kommunikationsaktivitäten aufeinander abzustimmen. Von besonderer Bedeutung ist in diesem Zusammenhang die Einsatzdauer der Integrierten Kommunikation, die Rückschlüsse auf die vorhandenen Erfahrungen mit der Integrierten Kommunikation zulässt. Die empirischen

Allgemeines Verständnis, Bedeutung und Ziele der Integrierten Kommunikation

Ergebnisse über die Einsatzdauer der Integrierten Kommunikation beziehen sich auf folgende Aspekte:

- Dauer des Einsatzes der Integrierten Kommunikation,
- Branchen- und unternehmensgrößenspezifische Unterschiede hinsichtlich der Einsatzdauer der Integrierten Kommunikation,
- Einfluss des Einsatzdauer auf den Erfolg der Integrierten Kommunikation,
- Einflüsse der Einsatzdauer auf die Umsetzungsprobleme der Integrierten Kommunikation.

2.2.1 Dauer des Einsatzes der Integrierten Kommunikation

Die Betrachtung der Dauer des Einsatzes der Integrierten Kommunikation ergibt, dass sich lediglich 9,1 Prozent der Umfrageteilnehmer in der Stichprobe bislang noch nicht mit der Integrierten Kommunikation beschäftigen. Vor dem Hintergrund der zu untersuchenden Thematik sind diese für die weitere Auswertung nicht von Interesse und wurden deshalb aus den weiteren Analysen ausgeschlossen. Die meisten befragten Unternehmen (36,4 Prozent) beschäftigen sich bereits seit 2 und 5 Jahren mit der Integrierten Kommunikation, 23,4 Prozent setzen sich schon seit 5 bis 10 Jahren mit der Thematik der Integrierten Kommunikation auseinander. Immerhin sind es bereits 13,6 Prozent, die inzwischen seit mehr als 10 Jahren den Integrationsgedanken in ihrer Kommunikationsarbeit implementiert haben. Insgesamt sprechen die Ergebnisse für eine Zunahme der Verbreitung der Integrierten Kommunikation. Schaubild 6 gibt einen Überblick über die Einsatzdauer der Integrierten Kommunikation.

Einsatzdauer der Integrierten Kommunikation

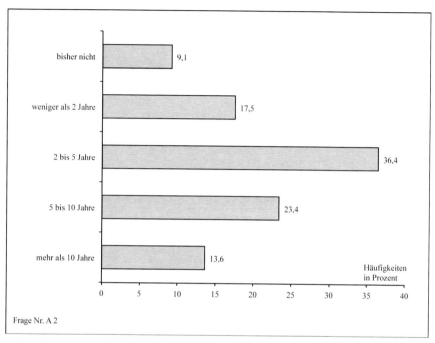

Frage Nr. A 2

Schaubild 6: Dauer des Einsatzes der Integrierten Kommunikation

2.2.2 Branchen- und unternehmensgrößenspezifische Unterschiede hinsichtlich der Einsatzdauer der Integrierten Kommunikation

Die Überprüfung der Vermutung, dass Unterschiede hinsichtlich der **Branche** und Unternehmensgröße in Bezug auf die Einsatzdauer der Integrierten Kommunikation vorliegen, ergab nur für die Unternehmensgröße signifikante Ergebnisse. Folglich liegen keine branchenspezifischen Unterschiede hinsichtlich der Einsatzdauer der Integrierten Kommunikation vor.

In Hinblick auf die **Unternehmensgröße** wird deutlich, dass sich größere Unternehmen im Inland bereits seit einer signifikant längeren Zeit mit der Integrierten Kommunikation beschäftigen als kleinere Unternehmen. Für das Ausland sind keine signifikanten Unterschiede zu verzeichnen.

2.2.3 Einfluss der Einsatzdauer auf den Erfolg der Integrierten Kommunikation

Die Erfolgswirkungen der Integrierten Kommunikation in Abhängigkeit von der Einsatzdauer fallen durchweg positiv aus. So geht eine längere Beschäftigung mit der Integrierten Kommunikation mit einer signifikanten Verbesserung der **psychologischen und verhaltensbezogenen Erfolgswirkungen** wie Bekanntheit, Image, Zufriedenheit und Kundenbindung einher. Auch die **ökonomischen Erfolgswirkungen** wie Umsatz, Gewinn und ROI steigen signifikant mit der Einsatzdauer der Integrierten Kommunikation an. Somit wird die Steigerung der Erfolgsgrößen der Integrierten Kommunikation durchweg höher bewertet, je länger sich ein Unternehmen mit der Thematik der Integrierten Kommunikation auseinandersetzt. Die Bestimmtheitsmaße sagen aus, dass zwischen 3,0 und 25,8 Prozent der Variation in den Erfolgsgrößen durch die Regression erklärt werden. Die Ergebnisse gibt Schaubild 7 wieder.

Frage A2 ►H 4 und H5

Einfluss der Einsatzdauer auf...	Regressionskoeffizienten	R^2
Bekanntheitsgrad	0,03	17,4%
Image	0,19	3,0%
Kundenzufriedenheit	0,23	20,1%
Kundenbindung	0,30	25,8%
Umsatz	0,16	12,1%
Gewinn	0,19	14,3%
ROI	0,23	16,9%

Schaubild 7: Einfluss der Einsatzdauer auf den Erfolg der Integrierten Kommunikation

2.2.4 Einflüsse der Einsatzdauer auf die Umsetzungsprobleme der Integrierten Kommunikation

Es ist zu vermuten, dass Unternehmen, die sich bereits seit längerer Zeit mit der Integrierten Kommunikation auseinandersetzen, die Umsetzungsprobleme teilweise überwunden haben. Die Daten bestätigen überwiegend, dass sich die Umsetzungsprobleme mit zunehmender Einsatzdauer der Integrierten Kommunikation verringern. Besonders die Probleme **fehlender Daten zur Beurteilung der**

Integrierten Kommunikation (Regressionskoeffizient = 0,47; R^2 = 21,1 Prozent), **lückenhaftes Verständnis der Integrierten Kommunikation im mittleren Management** (Regressionskoeffizient = 0,51; R^2 = 23,7 Prozent) sowie **fehlende Verankerung der Integrierten Kommunikation in den Unternehmensgrundsätzen/Leitlinien** (Regressionskoeffizient = 0,63; R^2 = 26,6 Prozent) werden im Zeitverlauf der Beschäftigung mit der Integrierten Kommunikation reduziert. Diese Ergebnisse unterstreichen die Bedeutung der Einsatzdauer für den Abbau der Umsetzungsbarrieren der Integrierten Kommunikation.

Nicht für alle Umsetzungsprobleme konnte jedoch ein signifikanter Einfluss der Einsatzdauer der Integrierten Kommunikation festgestellt werden. Das heißt beispielsweise, dass die Einsatzdauer keinen Einfluss auf die Einschätzung der Bedeutung des Bereichs- bzw. Abteilungsdenken der Mitarbeiter, ihrer fehlenden Einsicht in die Notwendigkeit der Integrierten Kommunikation und ihrer Informationsüberlastung ausübt. Schaubild 8 fasst die Ergebnisse anschaulich zusammen.

Fragen Nr. D 14 ▶ A 2

Einfluss der Einsatzdauer auf...	Regressionskoeffizienten	R^2
Mangelndes Konzept der Integrierten Kommunikation.	0,41	17,1%
Unvollständige Einbindung aller Kommunikationsinstrumente.	0,31	14,1%
Mangelnde oder problematische Erfolgskontrolle.	0,36	17,2%
Fehlen von Abstimmungs- und Entscheidungsregeln.	0,50	22,0%
Fehlende Daten zur Beurteilung der Integrierten Kommunikation.	0,47	21,1%
Lückenhaftes Verständnis der Integrierten Kommunikation im mittleren Management.	0,51	23,7%
Fehlende Verankerung der Integrierten Kommunikation in den Unternehmensgrundsätzen/Leitlinien.	0,63	26,6%
Bereichs- bzw. Abteilungsdenken der Mitarbeiter.	0,09 n.s.	4,3%
Fehlende Einsicht der Mitarbeiter in die Notwendigkeit einer Integrierten Kommunikation.	0,13 n.s.	6,1%
Informationsüberlastung der Mitarbeiter.	0,16 n.s.	7,3%
Zeitliche Überlastung der Mitarbeiter.	0,39	18,0%

n.s. = nicht signifikant

Schaubild 8: Wirkungsbeziehung zwischen der Einsatzdauer der Integrierten Kommunikation und auftretenden Umsetzungsproblemen

2.3 Integrationsgrad der Kommunikation

Der Stand der Integrierten Kommunikation sagt aus, wie umfassend die befragten Unternehmen bereits eine Integrierte Kommunikation in ihrem Unternehmen verankert haben und kann als **Integrationsgrad der Kommunikation** bezeichnet werden (Stumpf 2005, S. 17). Von Interesse ist es herauszufinden, wie stark der Integrationsgrad der Kommunikation in der Unternehmenspraxis bereits ausgeprägt ist und wie sich dieser seit 2005 gewandelt hat. Zu diesem Zweck werden die folgenden Themenbereiche analysiert:

- Einschätzung des Integrationsgrads der Kommunikation,
- Branchen- und unternehmensgrößenspezifische Unterschiede hinsichtlich des Integrationsgrads der Kommunikation,
- Auswirkung der Einsatzdauer auf den Integrationsgrad der Kommunikation,
- Auswirkungen des Integrationsgrads der Kommunikation auf den Integrationserfolg.

2.3.1 Einschätzung des Integrationsgrads der Kommunikation

Die Untersuchungsergebnisse legen dar, dass der Integrationsgrad der Kommunikation bei den befragten Unternehmen mehrheitlich hoch bis relativ hoch ist. 37,2 Prozent sagen aus, dass der Integrationsgrad der Kommunikation eher noch in den Anfängen steckt und damit Potenziale zur Weiterentwicklung der Integrierten Kommunikation vorhanden sind. Bei den restlichen 62,8 Prozent der befragten Unternehmen ist dagegen der Integrationsgrad der Kommunikation bereits weiter fortgeschritten. Bei 5,0 Prozent der befragten Unternehmen erfolgt schon ein umfassender Einsatz der Intergierten Kommunikation, bei 2,9 Prozent steckt die Integrierte Kommunikation noch gänzlich in den Anfängen. Der größte Anteil der Unternehmen (17,9 Prozent) schätzt den Integrationsgrad einer aufei-

Integrationsgrad der Kommunikation

nander abgestimmten Kommunikationspolitik als relativ weit fortgeschritten ein. Eine zusammenfassende Darstellung des Ausmaßes der **Verwirklichung eines einheitlichen kommunikativen Auftritts** findet sich in Schaubild 9.

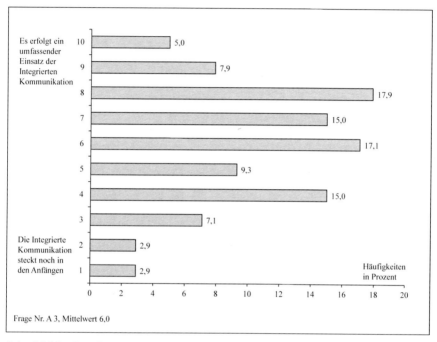

Schaubild 9: Aktueller Stand des Einsatzes der Integrierten Kommunikation

Zwischen den Jahren 2005 und 2013 hat sich der Integrationsgrad der Kommunikation insgesamt positiv weiterentwickelt. Wie in Schaubild 10 ersichtlich, geben 2013 mehr als doppelt so viele Unternehmen an, ihre Kommunikationsarbeit umfassend zu integrieren. Insgesamt stimmen 62,8 Prozent der befragten Unternehmen vollständig bis eher zu, dass in ihrem Unternehmen ein verhältnismäßig umfassender Integrationsgrad vorliegt (2005 waren dies 59,5 Prozent). Im unteren Bereich sind überwiegend Rückgänge zu beobachten (von 40,4 auf 37,1 Prozent). Dies verdeutlicht, dass tendenziell in weniger Fällen die Integrierte Kommunikation noch in den Anfängen steckt. Insgesamt heben die Ergebnisse hervor, dass sich zwischen 2005 und 2013 der Integrationsgrad leicht verbessert hat.

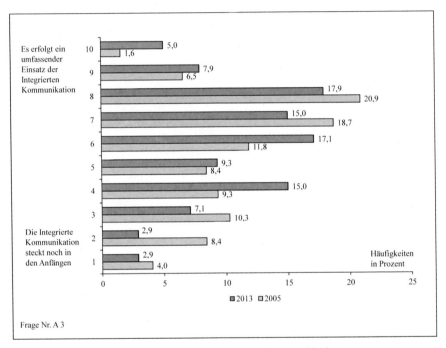

Schaubild 10: Entwicklung des Integrationsgrads der Kommunikation

2.3.2 Branchen- und unternehmensgrößenspezifische Unterschiede hinsichtlich des Integrationsgrads der Kommunikation

Es wurde an dieser Stelle der Frage nachgegangen, in welchen **Branchen** die Integrierte Kommunikation bereits am stärksten verankert ist. Es lassen sich jedoch in diesem Zusammenhang keine signifikanten Unterschiede feststellen. Folglich ist der Integrationsgrad der Kommunikation nicht branchenspezifisch.

Hinsichtlich der **Unternehmensgröße** ergibt sich das gleiche Bild. Auch hier ließen sich keine signifikanten Unterschiede festgesellt, so dass sich der Integrationsgrad der Kommunikation nicht signifikant zwischen größeren und kleineren Unternehmen unterscheidet.

2.3.3 Auswirkung der Einsatzdauer auf den Integrationsgrad der Kommunikation

Es wurde angenommen, dass Unternehmen, die sich bereits seit längerer Zeit mit der Integrierten Kommunikation beschäftigen, die Integrierte Kommunikation auch umfassender einsetzen als Unternehmen, die sich noch in den Anfängen ihrer Integrierten Kommunikationsarbeit befinden. Dieser Zusammenhang ließ sich empirische bestätigen (Regressionskoeffizient = 0,33; R^2 = 31,8 Prozent).

2.3.4 Auswirkungen des Standes der Integrierten Kommunikation auf den Integrationserfolg

Eine umfassende Erfolgswirksamkeit des Integrationsgrad der Kommunikation konnte nicht nachgewiesen werden. Lediglich ergab sich ein signifikanter Zusammenhang auf die **Kundenbindung**. Je umfassender Unternehmen ihre Kommunikationsaktivitäten integrieren, desto höher fällt die Steigerung der Kundenbindung aus (Regressionskoeffizient = 0,18; R^2 = 16,3 Prozent).

2.4 Zielsetzungen der Integrierten Kommunikation

Mit dem Einsatz der Integrierten Kommunikation verfolgen Unternehmen eine Vielzahl an Zielen. Es lassen sich intern und extern gerichtete Ziele unterscheiden, wie weiter in ökonomische (z. B. Kostenreduktion) und psychologische (z. B. die Wissenserweiterung über das Unternehmen) Ziele unterteilt werden. Dieser Abschnitt widmet sich den folgenden vier relevanten Fragestellungen in Bezug auf die Ziele der Integrierten Kommunikation:

- Zielsetzung des Einsatzes der Integrierten Kommunikation,
- Zielsetzung der Integrierten Kommunikation in verschiedenen Branchensektoren,
- Einflüsse der Planungsverantwortung auf die Ziele der Integrierten Kommunikation,
- Einflüsse der Ziele der Integrierten Kommunikation auf den Instrumenteneinsatz.

2.4.1 Zielsetzungen des Einsatzes der Integrierten Kommunikation

Die befragten Unternehmen gaben an, dass für sie insbesondere **externe, psychologische Ziele** von besonderer Bedeutung sind. Dabei stellen sich die Vermittlung eines einheitlichen Erscheinungsbildes (Mittelwert 1,45) und das Erzielen von Wirkungssynergien (Mittelwert 1,81) als die bedeutendsten Ziele der Integrierten Kommunikation heraus. Ebenfalls streben Unternehmen mit der Integrierten Kommunikation an, verbesserte Lerneffekte bei den Zielgruppen zu erzielen (Mittelwert 2,12) und eine kommunikative Differenzierung im Wettbewerb sicherzustellen (Mittelwert 2,22).

Neben den externen, psychologischen Zielen verfolgen die befragten Unternehmen auch **interne, psychologische Ziele**. Die größte Bedeutung wird dabei der Erhöhung der Motivation und Identifikation der Mitarbeiter zugeschrieben (Mittelwert 2,36). Die bessere Koordination/Kooperation der Abteilungen stellt ferner ein nicht unwesentliches **internes verhaltensbezogenes Ziel** der Integrierten Kommunikation dar (Mittelwert 2,50). Dem **internen ökonomischen Ziel** der Kostenreduktion kommt dabei die vergleichsweise geringste Bedeutung zu (Mittelwert 3,48). Schaubild 11 fasst die Ergebnisse tabellarisch zusammen.

Zielsetzungen der Integrierten Kommunikation

Frage Nr. A 4

Ziele	Mittel-wert*	1	2	3	4	5	6	7	8
Einheitliches Erscheinungsbild	1,45	68,8	21,7	6,5	2,2	0,0	0,7	0,0	0,0
Erzielen von Wirkungssynergien	1,81	51,4	26,1	16,7	2,9	1,4	1,4	0,0	0,0
Kostenreduktion	3,48	13,8	18,8	26,1	13,8	10,1	12,3	2,2	2,9
Verbesserte Lerneffekte bei den Zielgruppen	2,12	38,4	29,0	19,6	9,4	2,9	0,7	0,0	0,0
Kommunikative Differenzierung im Wettbewerb	2,22	41,3	23,2	21,7	8,7	0,7	1,4	0,7	2,2
Bessere Koordination/ Kooperation der Abteilungen	2,50	31,2	30,4	17,4	10,9	3,6	3,6	0,7	2,2
Erhöhung der Motivation und Identifikation der Mitarbeiter	2,36	40,6	21,7	16,7	10,1	5,80	4,3	0,7	40,6

(Häufigkeiten in Prozent, n = 138)
*Durchschnittswerte einer Skala von 1 = Sehr große Bedeutung bis 8 = Keine Bedeutung

Schaubild 11: Bedeutung der Ziele der Integrierten Kommunikation

Ein Vergleich mit den Ergebnissen der letzten Erhebungswelle aus dem Jahre 2005 verdeutlicht[2], dass sich leichte Veränderungen hinsichtlich der Einschätzung der Bedeutung einzelner Ziele ergeben haben. Wurde 2005 das Ziel der besseren Koordination/Kooperation der Abteilungen im Mittel mit 1,97 bewertet, wird dieses Ziel im Jahre 2013 bereits im Mittel mit 1,51 eingestuft. Dies entspricht einem Bedeutungszuwachs. Ein ähnliches Bild zeigt sich bei der Erhöhung der Motivation und Identifikation der Mitarbeiter. Auch hier nimmt die Einschätzung der Bedeutung von 1,94 im Jahr 2005 auf 1,49 im Jahr 2013 zu. Daraus und aus den anderen Ergebnissen lässt sich der Schluss ziehen, dass von 2005 bis 2013 die Einschätzung der Bedeutung der angeführten Ziele der Integrierten Kommunikation tendenziell zugenommen hat. Insbesondere haben jedoch die internen Ziele an Bedeutung gewonnen. Verschiebungen in der Bedeutungsrangfolge der Ziele haben sich nicht ergeben. Damals wie heute werden die Vermittlung eines einheitlichen Erscheinungsbildes und das Erzielen von Wir-

---

[2] Für sämtliche vergleichenden Analysen wurde die 8 Punkte-Skala von 2013 auf eine 4 Punkte-Skala (2005) transformiert.

kungssynergien als die bedeutendsten Ziele identifiziert, gefolgt von den anderen verbleibenden fünf Zielen. Schaubild 12 visualisiert die **Bedeutungsentwicklung der Ziele der Integrierten Kommunikation** im Zeitablauf.

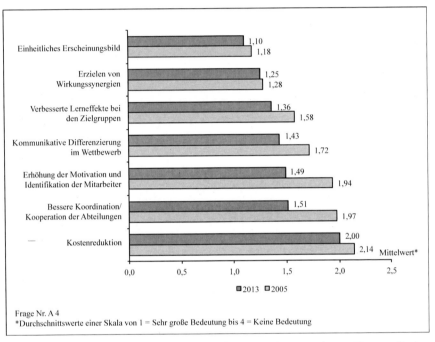

Schaubild 12: Entwicklung der Bedeutung der Ziele der Integrierten Kommunikation 2013 und 2005

2.4.2 Zielsetzungen der Integrierten Kommunikation in verschiedenen Branchensektoren

Die Vermutung, dass die Ziele der Integrierten Kommunikation für verschiedene Branchen von unterschiedlicher Bedeutung sind, kann nicht bestätigt werden. Die Analysen liefern keine signifikanten Unterschiede der Relevanzeinschätzung der Integrationsziele in verschiedenen Branchensektoren.

Zielsetzungen der Integrierten Kommunikation

2.4.3 Einflüsse der Planungsverantwortung auf die Ziele der Integrierten Kommunikation

Erfahrungsgemäß ist für die Integrierte Kommunikation nicht eine Person bzw. Abteilung verantwortlich, sondern mehrere Personen bzw. Unternehmensbereiche sind an der Entwicklung und Umsetzung der Integrierten Kommunikation beteiligt.

Infolgedessen galt es zu prüfen, ob und wie die Relevanz der Zielsetzungen von der für die Planung der Integrierten Kommunikation verantwortlichen Unternehmensbereiche bzw. Personen abhängt. Mit anderen Worten wurde der Frage nachgegangen, für welche beteiligten Personen bzw. Unternehmensbereiche die Ziele der Integrierten Kommunikation von Relevanz sind.

Die Zielsetzung der **Vermittlung eines einheitlichen Erscheinungsbildes** wird nur sehr schwach durch die Verantwortlichkeit der Geschäfts-/Unternehmensleitung (Regressionskoeffizient = 0,07), Marketing-Kommunikation (Regressionskoeffizient = 0,13), PR-/Öffentlichkeitsarbeit (Regressionskoeffizient = 0,07) und einer externen Kommunikationsagentur (Regressionskoeffizient = 0,06) beeinflusst.

Des Weiteren bestehen positive Zusammenhänge zwischen der Beteiligung des Sponsoring und der Relevanz der **Erzielung von Wirkungssynergien** (Regressionskoeffizient = 0,13). Ist das Sponsoring intensiv an der Planung der Integrierten Kommunikation beteiligt, wird dieses Ziel als relevanter für die Integrierte Kommunikationsarbeit eingestuft. Dagegen wird die Relevanz dieses Ziels durch die Verantwortung des Marketing- (Regressionskoeffizient = -0,13) und Kundenbindungsmanagement/CRM (Regressionskoeffizient = -0,15) vermindert.

Auch die Relevanz des Ziels der **Kostenreduktion** wird signifikant durch die Planungsverantwortung beeinflusst. So fördert eine hohe Beteiligung der Marketing-Kommunikation (Regressionskoeffizient = 0,36), des Vertriebs/Außendienstes (Regressionskoeffizient = 0,14) und einer externen Kommunikationsagentur (Regressionskoeffizient = 0,11) die Bedeutung dieses Ziels. Negative Einflüsse ergeben sich für das Marken- (Regressionskoeffizient = -0,14) und Kundenbindungsmanagement/CRM (Regressionskoeffizient = -0,15).

Die Bedeutung des Ziels der **besseren Koordination und Kooperation der Abteilungen** nimmt zu, wenn der Vertrieb/Außendienst (Regressionskoeffizient = 0,11) und das Event-Marketing (Regressionskoeffizient = 0,14) verstärkt für die Planung der Integrierten Kommunikation verantwortlich sind und sinkt, wenn der Kommunikationsmanager (Regressionskoeffizient = -0,24) und das Kundenbindungsmanagement/CRM (Regressionskoeffizient = -0,17) an der Planung der Integrierten Kommunikation intensiv beteiligt sind.

Signifikante Einflüsse konnten jedoch nicht für alle Ziele der Integrierten Kommunikation nachgewiesen werden. Für die Bedeutung der verbesserten Lerneffekte bei den Zielgruppen, kommunikativen Differenzierung im Wettbewerb und Erhöhung der Motivation und Identifikation der Mitarbeiter konnten keine signifikanten Einflüsse der Planungsverantwortung ermittelt werden.

2.4.4 Einflüsse der Ziele der Integrierten Kommunikation auf den Instrumenteeinsatz

Zur Erreichung der gesetzten Ziele sind unterschiedliche Instrumente auszuwählen und einzusetzen. Wenn das Ziel der Vermittlung eines **einheitlichen Erscheinungsbildes** für ein Unternehmen relevant ist, werden sie vermehrt die Verpackung (Regressionskoeffizient = 0,19) einsetzen.

Positive Zusammenhänge bestehen zudem zwischen der Relevanz der **Erzielung von Wirkungssynergien** und dem Einsatz der Mediawerbung (Regressionskoeffizient = 0,26) und Event-Marketing (Regressionskoeffizient = 0,18).

Streben Unternehmen mit der Integrierten Kommunikation eine **Kostenreduktion** an, setzten sie weniger das Instrument der Mediawerbung (Regressionskoeffizient = -0,10) ein. Die Relevanzeinschätzung des Ziels der **verbesserten Lerneffekte bei den Zielgruppen** beeinflusst signifikant den Einsatz des Event-Marketing (Regressionskoeffizient = 0,21).

Weiterhin übt die Bedeutung der **kommunikativen Differenzierung im Wettbewerb** einen signifikanten Einfluss auf den Einsatz der Mediawerbung (Regressionskoeffizient = 0,17), Verkaufsförderung (Regressionskoeffizient = 0,19), persönlichen Verkauf/Vertrieb (Regressionskoeffizient = 0,16), Direct-Marketing (Regressionskoeffizient = 0,19) und Verpackung (Regressionskoeffizient = 0,18) aus.

Wenn das Ziel einer **besseren Koordination/Kooperation der Abteilungen** für ein Unternehmen relevant ist, wird signifikant weniger die Mediawerbung (Regressionskoeffizient = -0,11), Direct-Marketing (Regressionskoeffizient = -0,12) und Verkaufsförderung (Regressionskoeffizient = -0,19) eingesetzt.

Die Relevanz des Strebens nach **Erhöhung der Motivation und Identifikation der Mitarbeiter** erhöht den Einsatz der Verkaufsförderung (Regressionskoeffizient = 0,14), persönlichen Verkauf/Vertrieb (Regressionskoeffizient = 0,13) und Mitarbeiterkommunikation (Regressionskoeffizient = 0,17).

3 Planungsverantwortung für die Integrierte Kommunikation

3.1 Planungsverantwortung der Integrierten Kommunikation

Ein systematisches Vorgehen bei der Planung der Integrierten Kommunikation ist ebenso notwendig wie eine klare Zuordnung der Planungsverantwortung. Die Untersuchungen zeigen, dass grundsätzlich mehrere Abteilungen bzw. Personen an der Planung der Integrierten Kommunikation beteiligt sind. Folglich ist der Ausdruck „Ausschließliche Verantwortung" mehr im Sinne einer „Hohen Verantwortung" aufzufassen. Insbesondere der Marketing-Kommunikation, Markenmanagement und dem Kommunikationsmanager obliegt eine hohe Verantwortung bei der Planung der Integrierten Kommunikation. Eine relativ hohe Planungsverantwortung übernehmen des Weiteren die PR/Öffentlichkeitsarbeit und Mediawerbung. Der Vertrieb/Außendienst sowie das Produkt- und Kundenbindungsmanagement/CRM sind dagegen weniger für die Planung der Integrierten Kommunikation verantwortlich. Schaubild 13 fasst die deskriptiven Ergebnisse der Variable Planungsverantwortung für die Integrierte Kommunikation der einzelnen Abteilungen und Personen zusammen.

Planungsverantwortung der Integrierten Kommunikation

Frage Nr. B 1

Abteilung/Person	Mittel-wert*	1	2	3	4	5	6	7	8	Nicht vorhanden
Geschäfts-/Unternehmensleitung	2,96	27,5	26,8	18,8	7,2	5,8	2,2	5,8	5,8	0,0
Marketing	2,43	17,4	28,3	15,2	7,2	6,5	2,2	3,6	2,9	16,7
Marketing-Kommunikation	1,83	33,3	30,4	5,8	6,5	4,3	2,9	0,0	0,7	15,9
PR/Öffentlichkeitsarbeit	2,21	29,0	27,5	13,8	5,10	4,30	1,4	1,4	4,3	13,0
Vertrieb/Außendienst	4,32	0,7	8,7	8,00	7,2	14,5	8,7	7,2	23,2	21,7
Kommunikationsmanager	1,70	22,5	29,7	6,5	5,1	0,7	0,0	1,4	4,3	29,7
Markenmanagement	1,76	8,0	14,5	7,2	6,5	2,9	0,7	2,9	6,5	50,7
Produktmanagement	3,18	0,7	10,9	10,1	12,3	10,1	7,2	5,8	10,1	32,6
Mediawerbung	2,12	4,3	15,2	8,7	9,4	1,4	2,9	4,3	7,2	46,4
Direct-Marketing	2,11	4,3	12,3	8,7	6,5	3,6	5,1	5,8	5,1	48,6
Event-Marketing	2,38	5,8	10,1	11,6	5,8	4,3	7,2	4,3	7,2	43,5
Sponsoring	2,46	5,8	11,6	6,5	7,2	2,9	5,8	2,9	12,3	44,9
Online-Marketing	2,49	8,0	20,3	8,0	9,4	2,9	5,8	2,9	8,7	34,1
Social Media	2,57	5,8	15,2	10,9	6,5	1,4	6,5	6,5	8,7	38,4
Kundenbindungsmanagement/CRM	3,20	3,6	12,3	10,1	5,8	7,2	8,7	6,5	13,0	32,6
Externe Kommunikationsagentur	2,98	4,3	12,3	10,1	8,7	8,0	5,8	4,3	12,3	34,1

(Häufigkeiten in Prozent, n = 138)
*Durchschnittswerte einer Skala von 1 = Ausschließliche Verantwortung bis 8 = Keine Verantwortung

Schaubild 13: Verantwortung für die Planung der Integrierten Kommunikation

Ein Vergleich mit den Ergebnissen der letzten Erhebungswelle 2005 lässt deutlich werden, dass sich keine wesentlichen Verschiebungen der Planungsverantwortungen zwischen den einzelnen Abteilungen und Personen ereignet haben. Auch in der Vergangenheit waren die Abteilungen Marketing-Kommunikation, Kommunikationsmanager, PR-/Öffentlichkeitsarbeit und Marketing wesentlich in die Planung der Integrierten Kommunikation eingebunden. Eine geringe Planungsverantwortung hatten der Vertrieb/Außendienst, Kundenbindungsmanagement/CRM sowie eine externe Kommunikationsagentur inne. Jedoch sind Verschiebungen hinsichtlich des Ausmaßes der Planungsverantwortung innerhalb der verschiedenen Abteilungen und Personen sichtbar. So zeigt sich, dass überwiegend die Höhe der Planungsverantwortung der einzelnen Abteilungen bzw. Personen zwischen 2005 und 2013 leicht zugenommen hat, insbesondere bei der Marketing-Kommunikation und PR-/Öffentlichkeitsarbeit. Ihnen wird 2013 eine deutlich höhere Verantwortung für die Planung der Integrierten Kommunikation zugesprochen. Auch der Kommunikationsmanager wird 2013 stärker an der Planung der Integrierten Kommunikation beteiligt als noch 2005. Lediglich die Beteiligung des Außendienst/Vertrieb ist leicht zurückgegangen. Die Ergebnisse von 2005 und 2013 sind in Schaubild 14 gegenübergestellt.

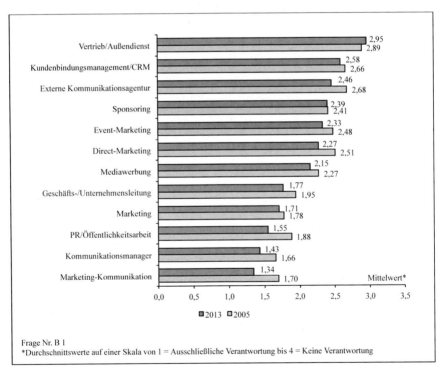

Schaubild 14: Entwicklung der Verantwortung für die Planung der Integrierten Kommunikation von 2005 und 2013

3.2 Einfluss der Planungsverantwortung auf die Auswahl der Kommunikationsinstrumente

Die Planungsverantwortung der Integrierten Kommunikation hat einen Einfluss auf die Auswahl der Kommunikationsinstrumente. Je nachdem, welche Abteilung bzw. Person für die Planung der Integrierten Kommunikation verantwortlich ist, kommen andere Instrumente verstärkt zum Einsatz.

Die **Mediawerbung** wird primär eingesetzt, wenn das Markenmanagement (Regressionskoeffizient = 0,11) und Social Media (Regressionskoeffizient = 0,09) mit für die Planung der Integrierten Kommunikation verantwortlich sind. Die Beteiligungen des Produktmanagements (Regressionskoeffizient = -0,10) und einer externen Kommunikationsagentur (Regressionskoeffizient = -0,07) wirken sich dagegen negativ auf den Einsatz der Mediawerbung aus.

Obliegt die Verantwortung für die Planung der Integrierten Kommunikation in hohem Maße der Geschäfts-/Unternehmensleitung (Regressionskoeffizient = 0,14), wird primär die **Verkaufsförderung** als Kommunikationsinstrument eingesetzt. Der Einsatz der Verkaufsförderung wird dagegen bei hoher Planungsbeteiligung des Vertriebs/Außendienstes (Regressionskoeffizient = -0,09) leicht gemindert.

Es liegt ein positiver Zusammenhang zwischen dem Ausmaß der Verantwortungsübertragung der Integrierten Kommunikation an die Abteilung Direct-Marketing (Regressionskoeffizient = 0,10) und dem Einsatz von **Messen/Ausstellungen** vor.

Der **persönliche Verkauf/Vertrieb** wird überwiegend eingesetzt, wenn die Geschäfts-/Unternehmensleitung (Regressionskoeffizient = 0,18) und Social Media (Regressionskoeffizient = 0,08) intensiv bei der Planung der Integrierten Kommunikation verantwortungsvoll mitwirken. Leicht negativ wirkt sich darauf die Beteiligung der externen Kommunikationsagentur (Regressionskoeffizient = -0,08) aus.

Die Verwendung des Instruments **Event-Marketing** steigt bei hoher Verantwortung der Abteilung Sponsoring (Regressionskoeffizient = 0,15) und sinkt leicht, wenn einer externen Kommunikationsagentur (Regressionskoeffizient = -0,08) eine hohe Planungsverantwortung zugeschrieben wird.

Ist das Event-Marketing (Regressionskoeffizient = 0,11) umfassend an der Planung der Integrierten Kommunikation beteiligt, erhöht dies signifikant den Einsatz des Instruments **Social Media.**

Es besteht ein positiver Wirkungszusammenhang zwischen der Verantwortung der Integrierten Kommunikation durch die Geschäfts-/Unternehmensleitung (Regressionskoeffizient = 0,12) sowie Marketing-Kommunikation (Regressionskoeffizient = 0,16) und dem Einsatz der **Verpackung** als Kommunikationsinstrument. Negativ ist der Zusammenhang dagegen zwischen dem Ausmaß der Verantwortung des Marketing (Regressionskoeffizient = -0,16) sowie einer externen Kommunikationsagentur (Regressionskoeffizient = -0,10) und der Auswahl der Verpackung.

3.3 Einfluss der Planungsverantwortung auf den Integrationsgrad der Kommunikation

Es ist anzunehmen, dass, je nach Ansiedelung der Planungsverantwortung der Integrierten Kommunikation bei verschiedenen Abteilungen und Personen, der Integrationsgrad der Kommunikation unterschiedlich ausfallen kann. Die Analyse deckt jedoch auf, dass ein solcher Zusammenhang empirisch durch die Daten nicht bestätigt werden kann.

3.4 Ursachen für Probleme bei der Planung der Integrierten Kommunikation

Die Planung der Integrierten Kommunikation ist in der Praxis mit zahlreichen Problemen behaftet. Aus Sicht der befragten Unternehmen sind die Ursachen für diese Probleme primär in einem **ausgeprägten Abteilungsdenken**, einer **fehlenden Bereitschaft zur Information** sowie im **Fehlen von Abstimmungsregeln** zu sehen. Diese Ursachen sind als besonders gravierend einzustufen, da gerade für die Planung der Integrierten Kommunikation eine abteilungsübergreifende Zusammenarbeit erfolgsentscheidend ist.

Weniger wichtig sind **persönliche und inhaltliche Vorbehalte** gegenüber dem Konzept der Integrierten Kommunikation. Die Auswertungsergebnisse zu den Ursachen für Probleme bei der Planung der Integrierten Kommunikation gibt Schaubild 15 wieder.

Frage Nr. B 2

Problemursachen	Mittelwert*	1	2	3	4	5	6	7	8
Ausgeprägtes Abteilungsdenken	3,20	21,7	25,4	19,6	8,7	6,5	9,4	4,3	4,3
Fehlende Bereitschaft zur Information	3,58	14,5	21,7	19,6	13,8	13,0	5,80	6,5	5,1
Persönliche Vorbehalte	4,17	10,9	16,7	16,7	13,0	10,9	15,2	8,0	8,7
Inhaltliche Vorbehalte gegenüber dem Konzept der Integrierten Kommunikation	3,12	21,0	27,5	22,5	7,2	5,1	8,0	3,6	5,1
Fehlen von Abstimmungsregeln	5,10	4,3	8,7	15,2	13,0	11,6	16,7	10,9	19,6

(Häufigkeiten in Prozent, n = 138)
*Durchschnittswerte einer Skala von 1 = Trifft vollständig zu bis 8 = Trifft nicht zu

Schaubild 15: Ursachen für Probleme bei der Planung der Integrierten Kommunikation

Eine gravierende Bedeutungsverschiebung zwischen 2005 und 2013 hat sich nicht ergeben. Heute wie damals stellt das **ausgeprägte Abteilungsdenken** die zentrale Ursache für Probleme bei der Planung der Integrierten Kommunikation dar. Insgesamt hat die Bedeutung der Problemursachen bis heute tendenziell leicht abgenommen. In Schaubild 16 sind die **Entwicklungen der Problemursachen** im Vergleich dargestellt.

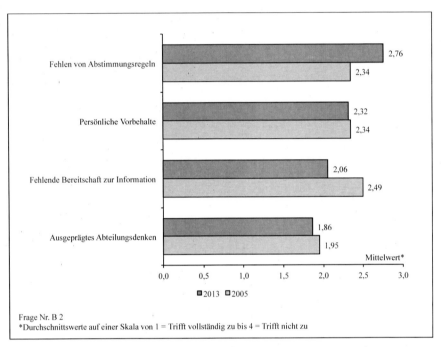

Schaubild 16: Entwicklung der Problemursachen bei der Planung der Integrierten Kommunikation 2005 und 2013

3.5 Einflüsse der Planungsverantwortung auf die Ursachen für Planungsprobleme

Die Vermutung, dass die Planungsverantwortung die Ursachen für die Probleme bei der Planung der Integrierten Kommunikation beeinflusst, kann nur teilweise durch die Daten empirisch gestützt werden. Ein ausgeprägtes Abteilungsdenken, fehlende Bereitschaft zur Information, persönliche Vorbehalte sowie das Fehlen von Abstimmungsregeln werden nicht durch die Planungsverantwortung beeinflusst. Lediglich hinsichtlich der **inhaltlichen Vorbehalte gegenüber dem Kon-**

zept der Integrierten Kommunikation konnten signifikante Effekte ermittelt werden. So beeinflusst die Einbindung des Vertriebs/Außendienstes (Regressionskoeffizient = -0,18) diese Ursache signifikant negativ. Obliegt also dem Vertrieb die Planung der Integrierten Kommunikation, werden die inhaltlichen Vorbehalte als weniger gravierende Ursache für die Probleme der Integrierten Kommunikation eingeschätzt. Auch die Verantwortung des Direct-Marketing (Regressionskoeffizient = -0,30) reduziert diese Ursache. Ist dagegen das Produktmanagement (Regressionskoeffizient = 0,20) mit für die Planung der Integrierten Kommunikation verantwortlich, verschärft dies das Fehlen von Abstimmungsregeln als Ursache für die Probleme bei der Planung der Integrierten Kommunikation.

4 Strategische und konzeptionelle Ausrichtung der Integrierten Kommunikation

4.1 Strategisches Konzept der Integrierten Kommunikation

Die Ausgestaltung eines strategischen Konzepts stellt einen Kernpunkt der Integrierten Kommunikation dar und ist insbesondere für die Sicherstellung eines konsistenten und aufeinander abgestimmten kommunikativen Auftrittes von Relevanz. Wie sich diese Erkenntnis bereits in der Praxis verfestigt hat und was die relevanten Einflüsse auf das Ausmaß des Vorliegens eines strategischen Konzepts sind, wird anhand der folgenden Aspekte untersucht:

- Ausmaß des Vorliegens eines strategischen Konzepts der Integrierten Kommunikation,
- Wirkung der Einsatzdauer der Integrierten Kommunikation auf das Ausmaß des Vorliegens eines strategischen Konzepts,
- Beteiligung externer Institutionen an der Konzeption der Integrierten Kommunikation,
- Einflüsse des strategischen Konzepts auf den Integrationserfolg.

4.1.1 Ausmaß des Vorliegens eines Strategischen Konzepts der Integrierten Kommunikation

Die Ergebnisse verdeutlichen, dass die Relevanz eines strategischen Konzepts von der Praxis erkannt und bereits relativ umfassend umgesetzt wird. 28,2 Prozent der befragten Unternehmen geben an, dass bei ihnen derzeit ein umfassendes strategisches Konzept der Integrierten Kommunikation vorliegt, bei 44,9

Prozent der Unternehmen trifft dies auch fast vollständig zu. Insgesamt stimmen 73,1 Prozent der Unternehmen vollständig bis teilweise zu, ein strategisches Konzept der Integrierten Kommunikation umgesetzt zu haben. Lediglich 7,2 Prozent haben kein strategisches Konzept implementiert und bei 16,6 Prozent der Unternehmen trifft das Vorliegen eines strategischen Konzepts eher nicht zu. Der mittlere Zustimmungswert liegt bei 3,62, was auf ein im Durchschnitt vorherrschendes mittelstarkes Ausmaß eines strategischen Konzepts hindeutet.

Frage Nr. C 1

Strategisches Konzept	Mittelwert	1	2	3	4	5	6	7	8
In unserem Unternehmen liegt ein strategisches Konzept der Integrierten Kommunikation vor.	3,62	12,3	15,9	30,4	14,5	9,4	7,2	2,9	7,2

(Häufigkeiten in Prozent, n = 138)
Skala von 1 = Trifft vollständig zu bis 8 = Trifft nicht zu

Schaubild 17: Ausmaß des Vorliegens eines Strategischen Konzepts der Integrierten Kommunikation

4.1.2 Wirkungen der Einsatzdauer der Integrierten Kommunikation auf das Ausmaß des Vorliegens eines strategischen Konzepts

Es ist davon auszugehen, dass Unternehmen, die bereits seit längerer Zeit die Integrierte Kommunikation umsetzten, eher ein strategisches Konzept vorliegen haben. Die Ergebnisse ergeben ein klares Bild. Das Ausmaß des Vorliegen eines strategischen Konzepts der Integrierten Kommunikation ist umso größer, je länger das Unternehmen bereits eine Integrierte Kommunikation einsetzt (Regressionskoeffizient = 0,64; R^2 = 31,8 Prozent).

4.1.3 Beteiligung externer Institutionen an der Konzeption der Integrierten Kommunikation

Die Integrierte Kommunikation wird in vielen Unternehmen nicht alleine konzipiert und umgesetzt, sondern es werden externe Berater bzw. Agenturen in die konzeptionelle Arbeit integriert. Bei einer Betrachtung der Ergebnisse, die

Schaubild 19 wiedergibt, wird deutlich, dass von der Mehrheit der befragten Unternehmen (46,4 Prozent) bisher keine Einbindung externer Berater bzw. Agenturen in ihre integrierte Kommunikationsarbeit vorgenommen wird. Am häufigsten werden noch Werbe- (28,3 Prozent) und PR-Agenturen (18,8 Prozent) in die Erarbeitung eines Konzepts der Integrierten Kommunikation involviert. Berater für die Integrierte Kommunikation, freie Berater sowie CI-Berater wurden bisher weniger eingebunden.

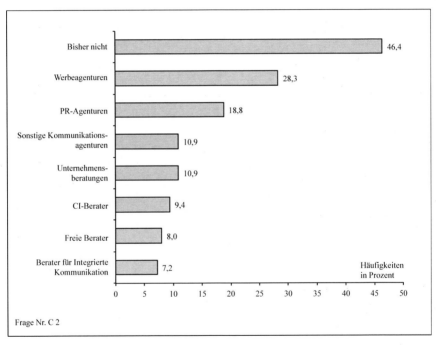

Schaubild 18: Beteiligung externer Institutionen an der Erarbeitung des Konzepts der Integrierten Kommunikation

Die Beteiligung externer Institutionen an der Erarbeitung eines Konzepts der Integrierten Kommunikation hat 2013 gegenüber 2005 tendenziell abgenommen, insbesondere bei den Werbe- und PR-Agenturen. Keine Veränderung ist bei der Einbindung von Beratern für die Integrierte Kommunikation zu beobachten. Vermutlich sind diese Erkenntnisse auch darauf zurückzuführen, dass 46,6 Pro-

Strategisches Konzept der Integrierten Kommunikation

zent der 2013 befragten Unternehmen keine externen Agenturen bzw. Berater in ihre integrierte Kommunikationsarbeit einbinden. Schaubild 19 zeigt die Veränderungen zwischen 2005 und 2013 auf.

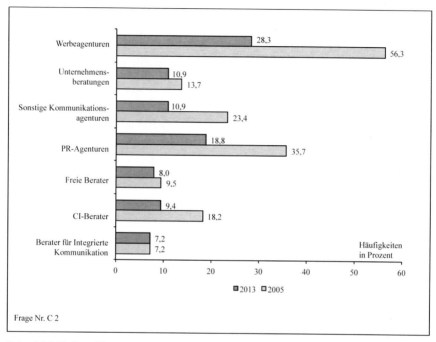

Schaubild 19: Beteiligung externer Institutionen an der Entwicklung eines Konzepts der Integrierten Kommunikation

4.1.4 Einflüsse des strategischen Konzepts auf den Integrationserfolg

Das Vorliegen eines strategischen Konzepts beeinflusst zwei wesentliche kundenbezogene Erfolgsvariablen. Je umfassender in einem Unternehmen bereits ein strategisches Konzept existiert, desto stärker fällt die **Image-** (Regressionskoeffizient = 0,14; R^2 = 26,2 Prozent) und **Kundenbindungssteigerung** (Regressionskoeffizient = 0,12; R^2 = 21,7 Prozent) aus. Die anderen Erfolgsgrößen werden nicht signifikant vom Ausmaß des Vorhandenseins eines strategischen Konzepts beeinflusst.

4.2 Merkmale des Konzepts der Integrierten Kommunikation

Zur Sicherstellung einer optimalen Steuerung und Koordination der Integrierten Kommunikation über ein strategisches Konzept ist dieses sowohl in inhaltlicher als auch in formaler Hinsicht verbindlich auszuarbeiten und zu fixieren. Inhaltlich gilt es dem Konzept die Unternehmensvision bzw. Philosophie zugrunde zu legen und einheitliche Botschaften vorzugeben. Formal hat das Konzept in schriftlicher Form vorzuliegen und damit für alle Kommunikationsbeteiligten verbindlich zu sein. Im Folgenden werden drei zentrale Themenfelder näher betrachtet:

- Merkmale des Konzepts der Integrierten Kommunikation,

- Zusammenhänge zwischen den Konzeptmerkmalen und der Planungsverantwortung,

- Zusammenhänge zwischen den Konzeptmerkmalen und den Gefahren der Integrierten Kommunikation,

- Zusammenhänge zwischen den Konzeptmerkmalen und den Erfolgswirkungen der Integrierten Kommunikation.

4.2.1 Merkmale des Konzepts der Integrierten Kommunikation

Die Untersuchung der Merkmale des Konzepts der Integrierten Kommunikation offenbart, dass die meisten in Schaubild 20 aufgeführten Merkmale auf die Integrierten Kommunikationskonzepte in der Praxis zutreffen. So geben 36,2 Prozenten der befragten Unternehmen an, dass das Konzept der Integrierten Kommunikation vollständig in ihrem Unternehmen auf einer Unternehmensvision bzw. Philosophie aufbaut. Lediglich bei 7,2 Prozent der Unternehmen trifft dies gar nicht zu. Dies entspricht einer tendenziellen Zustimmungsrate von 80,4 Prozent. Die anderen tendenziellen Zustimmungsraten liegen zwischen 79,0 und 84,1 Prozent. Jedoch existieren auch **inhaltliche Defizite** in der Abstimmung mit den übrigen Instrumenten des Marketingmix (vollkommene Zustimmung 18,1

Prozent) sowie der Vorgabe der Kommunikationsbotschaften (vollkommene Zustimmung 24,6 Prozent). In formaler Hinsicht liegen im Vergleich zu den inhaltlichen Merkmalen etwas höhere tendenzielle Zustimmungsraten vor (zwischen 72,5 und 89,2 Prozent), was auf vergleichsweise **geringere formale Defizite** hindeutet. Insgesamt treffen jedoch die Merkmale relativ gut auf das in der Praxis vorliegende strategische Konzept der Integrierten Kommunikation zu.

Frage Nr. C 3

Merkmale	Mittelwert*	1	2	3	4	5	6	7	8
Inhalt									
... auf einer Unternehmensvision bzw. Philosophie aufbaut.	2,82	36,2	26,1	12,3	5,8	2,9	5,1	4,3	7,2
... die Kommunikationsziele allgemein festschreibt.	2,84	31,2	18,8	22,5	11,6	6,5	0,7	5,1	3,6
... eine strategische Positionierung für die Kommunikation festschreibt.	2,99	25,4	28,3	15,9	10,9	5,8	5,1	2,9	5,8
... Kommunikationsbotschaften vorgibt.	3,04	24,6	25,4	16,7	13,0	8,0	4,3	2,9	5,1
... Zielgruppen der Kommunikation festlegt.	2,92	27,5	25,4	14,5	16,7	5,1	2,9	2,9	5,1
... mit den übrigen Instrumenten des Marketingmix abgestimmt ist.	3,26	18,1	23,2	26,1	11,6	8,0	2,2	2,9	8,0
Form und Verbindlichkeit									
... in schriftlicher Form vorliegt.	3,30	34,1	15,2	13,8	9,4	5,1	6,5	5,8	10,1
... mit den allgemeinen Unternehmenszielen abgestimmt ist.	2,70	31,2	29,0	17,4	6,5	4,3	4,3	3,6	3,6
... Corporate-Design-Vorschriften sowie Bilder und Symbole vorgibt.	2,15	48,6	29,7	8,7	2,2	2,9	2,2	1,4	4,3
... von der Führungsebene voll unterstützt wird.	2,60	34,1	24,6	20,3	6,5	6,5	1,4	3,6	2,9
... für alle Kommunikationsbeteiligten verbindlich ist.	2,46	39,9	22,5	20,3	6,5	1,4	2,9	2,2	4,3

(Häufigkeiten in Prozent, n = 138)
*Durchschnittswerte einer Skala von 1 = Trifft vollständig zu bis 8 = Trifft nicht zu

Schaubild 20: Merkmale des Konzepts der Integrierten Kommunikation

Der Zeitvergleich bei der Existenz von inhaltlichen und formalen Defiziten zwischen 2005 und 2013 lässt deutlich werden, dass sich mehrheitlich ein leichter Rückschritt ergeben hat. Tendenziell geben die Unternehmen an, dass die genannten Merkmale weniger auf ihr Unternehmen zutreffen als dies noch 2005 der Fall war. Vor allem die Aspekte der schriftlichen Fixierung und Festschreibung einer strategischen Positionierung für die Kommunikation treffen 2013 weniger auf die befragten Unternehmen zu. Im Bereich der inhaltlichen Merkmale haben sich tendenziell größere Verschlechterungen ergeben als bei den formalen Merkmalen. Schaubild 21 zeigt die **Entwicklung der Merkmale eines Konzepts der Integrierten Kommunikation** zwischen 2013 und 2005.

Merkmale des Konzepts der Integrierten Kommunikation 41

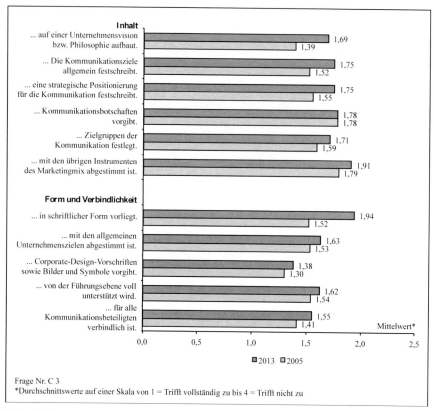

Schaubild 21: Entwicklung der Merkmale des Konzepts der Integrierten Kommunikation 2013 und 2005

4.2.2 Zusammenhänge zwischen den Konzeptmerkmalen und der Planungsverantwortung der Integrierten Kommunikation

Die Merkmale eines Konzepts der Integrierten Kommunikation variieren je nachdem, welche Abteilungen bzw. Personen für die Planung der Integrierten Kommunikation verantwortlich sind.

Ist die Geschäfts-/Unternehmensleitung (Regressionskoeffizient = 0,34) für die Planung der Integrierten Kommunikation umfassend verantwortlich, wird das Konzept der Integrierten Kommunikation stärker auf einer **Unternehmensvision** bzw. **Philosophie** aufgebaut. Durch die Einbindung der Mediawerbung (Regressionskoeffizient = -0,21) kehrt sich dieser Effekt ins Negative, so dass das Konzept der Integrierten Kommunikation weniger auf der Unternehmensvision bzw. Philosophie aufgebaut wird.

Eine hohe Einbindung des Marketing (Regressionskoeffizient = 0,28) in die Planung der Integrierten Kommunikation führt dazu, dass in den befragten Unternehmen das Konzept der Integrierten Kommunikation mehr mit den allgemeinen **Unternehmenszielen** abgestimmt ist. Dies trifft weniger zu, wenn sich das Direct-Marketing (Regressionskoeffizient = -0,17) in hohem Maße für die Planung der Integrierten Kommunikation verantwortlich zeigt.

Das Konzept der Integrierten Kommunikation wird in größerem Umfang von der **Führungsebene** unterstützt, wenn das Kundenbindungsmanagement/CRM (Regressionskoeffizient = 0,13) viel Planungsverantwortung innehat. Ein negativer Einfluss besteht seitens einer hohen Beteiligung der Mediawerbung (Regressionskoeffizient = -0,21) an der Planung der Integrierten Kommunikation auf die Unterstützung des Konzepts von der Führungsebene.

4.2.3 Zusammenhänge zwischen den Konzeptmerkmalen und den Gefahren der Integrierten Kommunikation

Es wird angenommen, dass Zusammenhänge zwischen den Konzeptmerkmalen und den Gefahren der Integrierten Kommunikation vorliegen. Entgegen dieser Vermutung ergab die Analyse jedoch keine signifikanten Zusammenhänge.

4.2.4 Zusammenhänge zwischen den Konzeptmerkmalen und den Erfolgswirkungen der Integrierten Kommunikation

Für den postulierten Zusammenhang zwischen den Konzeptmerkmalen und den Erfolgswirkungen der Integrierten Kommunikation konnten signifikante Ergebnisse extrahiert werden. Als erfolgswirksam stellen sich eine Vielzahl an Konzeptmerkmalen heraus.

Gibt das Konzept der Integrierten Kommunikation die Kommunikationsbotschaften vor (Regressionskoeffizient = 0,09) und ist es mit den allgemeinen Unternehmenszielen abgestimmt (Regressionskoeffizient = 0,11), führt dies zu einer Steigerung der **Bekanntheit**. Eine Verminderung der Bekanntheit wird durch ein schriftlich vorliegendes Konzept der Integrierten Kommunikation (Regressionskoeffizient = -0,10) herbeigeführt.

Basiert das Konzept der Integrierten Kommunikation auf einer Unternehmensvision bzw. Philosophie (Regressionskoeffizient = 0,11) und ist es mit den übrigen Instrumenten des Kommunikationsmix abgestimmt (Regressionskoeffizient = 0,11), wirkt sich dies positiv auf das **Image** des Unternehmens aus.

Als erfolgswirksam für die **Zufriedenheit** gelten der Aufbau des Konzepts einer Integrierten Kommunikation auf einer Unternehmensvision bzw. Philosophie (Regressionskoeffizient = 0,10) und die Festlegung der Zielgruppen der Kommunikation (Regressionskoeffizient = 0,11). Als erfolgshemmend stellt die Analyse in diesem Zusammenhang das Merkmal der allgemeinen Festschreibung der Kommunikationsziele (Regressionskoeffizient = -0,16) heraus.

Zeichnet sich das Konzept der Integrierten Kommunikation durch eine hohe Unterstützung von der Führungsebene aus, wird eine Steigerung der **Kundenbindung** erzielt. Die allgemeine Festschreibung der Kommunikationsziele (Regressionskoeffizient = -0,18) übt einen negativen Einfluss auf die Kundenbindung aus.

Der Aufbau des Konzepts einer Integrierten Kommunikation auf einer Unternehmensvision bzw. Philosophie (Regressionskoeffizient = 0,12) sowie eine Abstimmung des Konzepts mit den allgemeinen Unternehmenszielen stellen zentrale Erfolgsmerkmale eines Integrierten Kommunikationskonzepts dar, weil sie eine Steigerung des **Umsatzes** bedingen.

Auch in Bezug auf den **Gewinn** eines Unternehmens bestehen positive Zusammenhänge mit den Merkmalen eines integrierten Kommunikationskonzepts. So wirken sich die Vorgabe von Kommunikationsbotschaften (Regressionskoeffizient = 0,16) und die Abstimmung mit den allgemeinen Unternehmenszielen (Regressionskoeffizient = 0,20) positiv auf den Gewinn aus. Negativ dagegen wirkt die Festlegung der Zielgruppen der Kommunikation (Regressionskoeffizient = -0,16).

Die Erreichung einer Steigerung des **ROI** fällt umso höher aus, je eher das Konzept einer Integrierten Kommunikation die Kommunikationsbotschaften vorgibt (Regressionskoeffizient = 0,21) und mit den allgemeinen Unternehmenszielen abgestimmt ist (Regressionskoeffizient = 0,19).

5 Operative Ausrichtung der Integrierten Kommunikation

Der Erarbeitung eines strategischen Konzepts der Integrierten Kommunikation schließt sich die Umsetzung der Integrierten Kommunikation an. Dies betrifft die Umsetzungsformen, Einsatz der Kommunikationsinstrumente innerhalb der Integrierten Kommunikation, Ausgestaltung der Formen der Integrierten und die Umsetzungsbarrieren.

5.1 Formen der Umsetzung der Integrierten Kommunikation

Wie bereits aufgezeigt, sind in der Regel für die Umsetzung der Integrierten Kommunikation mehrere Abteilungen zuständig. Um einen umfassenden Überblick über die Umsetzung der Integrierten Kommunikation in der Praxis zu erlangen, werden daher an dieser Stelle zunächst die klassischen **Umsetzungsformen der Integrierten Kommunikation** betrachtet.

Insgesamt stimmen 27,5 Prozent der befragten Unternehmen vollständig zu, die Integrierte Kommunikation in Form von **abteilungsübergreifender Teamarbeit** vorzunehmen. Dies ist erforderlich, um der Notwendigkeit einer simultanen Beteiligung mehrerer Abteilungen an der Umsetzung der Integrierten Kommunikation gerecht zu werden. Es sind 82,6 Prozent, die ganz oder zumindest eher die Integrierte Kommunikation in dieser Form umsetzen. 72,4 Prozent realisieren die Umsetzung der Integrierten Kommunikation in **prozessorientierter Zusammenarbeit**, 55,1 Prozent der Unternehmen ganz oder zumindest eher in **abteilungsübergreifender Projektarbeit**. In 32,5 Prozent der Unternehmen arbeiten die einzelnen Abteilungen ganz oder eher voneinander isoliert. Schaubild 22 zeigt, welche Formen der Umsetzung der Integrierten Kommunikation in der Praxis zum Einsatz kommen.

Frage Nr. D 1

Umsetzungsformen	Mittelwert*	1	2	3	4	5	6	7	8
In abteilungsübergreifender Projektarbeit (zeitlich befristet)	4,50	11,6	16,7	18,1	8,7	8,7	7,2	2,9	26,1
In abteilungsübergreifender Teamarbeit (kontinuierlich)	2,96	27,5	24,6	19,6	10,9	5,1	2,9	0,7	8,7
In prozessorientierter Zusammenarbeit	3,70	17,4	18,8	26,1	10,1	4,3	4,3	2,2	16,7
Von den einzelnen Abteilungen isoliert	5,82	4,3	9,4	8,7	10,1	8,7	7,2	6,5	44,9

(Häufigkeiten in Prozent, n =138)
*Durchschnittswerte einer Skala von 1 = Trifft vollständig zu bis 8 = Trifft nicht zu

Schaubild 22: Einsatz verschiedener Formen der Umsetzung der Integrierten Kommunikation

5.2 Einsatz der Kommunikationsinstrumente innerhalb der Integrierten Kommunikation

Ein wesentlicher Baustein der Integrierten Kommunikation ist die Sicherstellung eines aufeinander abgestimmten Einsatzes der Kommunikationsinstrumente. Dabei ist es von Interesse, die folgenden Aspekte einer näheren Untersuchung zu unterziehen:

- Einbeziehung von Instrumenten in die Integrierte Kommunikation,
- branchenspezifische Einbeziehung von Instrumenten in die Integrierte Kommunikation,
- Bedeutung der Kommunikationsinstrumente im Rahmen der Integrierten Kommunikation,
- strategische und taktische Aufgaben der Kommunikationsinstrumente,

- Beziehungen zwischen den Kommunikationsinstrumenten,
- Typen von Kommunikationsinstrumenten,
- Verteilung des Kommunikationsbudgets.

5.2.1 Einbeziehung von Instrumenten in die Integrierte Kommunikation

Für die Instrumente der **marktgerichteten Massenkommunikation** (Mediawerbung, PR/Öffentlichkeitsarbeit) stellt sich heraus, dass sie von einer Vielzahl der Unternehmen bereits vollständig innerhalb der Integrierten Kommunikation einbezogen werden (von 44,2 bzw. 54,3 Prozent).

Ebenfalls wird die **Mitarbeiterkommunikation** von vielen Unternehmen (81,9 Prozent) intensiv innerhalb der Integrierten Kommunikation eingebunden. Auf die **Verpackung** wird dagegen am wenigsten innerhalb der Integrierten Kommunikation zurückgegriffen.

Instrumente, die eine **persönliche Interaktion** mit den Kunden anstreben, werden bislang verhältnismäßig wenig in die Integrierte Kommunikation eingebunden. Dies sind der persönliche Verkauf/Vertrieb (53,7 Prozent), Messen/Ausstellungen (57,3 Prozent) und Event-Marketing (59,4 Prozent). Ebenfalls erfahren Kommunikationsinstrumente, die eine relativ eng definierte Zielgruppe ansprechen, wenig Einbindung in den Integrierten Kommunikationsmix. So setzen lediglich 50,7 Prozent der befragten Unternehmen Sponsoring, 51,5 Prozent Kundenbindungsmanagement/CRM und 59,4 Prozent Event-Marketing innerhalb der Integrierten Kommunikation vollständig bis größtenteils ein.

Ein ähnlich verhaltenes Bild zeigen die Ergebnisse zu den **neuen Kommunikationsinstrumenten** (Online-Marketing und Social Media). Die befragten Unternehmen zeigen sich eher zurückhaltender bei der Integration des Online Marketing und Social Media in den Kommunikationsmix. Zumindest stimmen 63,0 Prozent der Befragten das Online-Marketing und 47,8 Prozent Social Media vollständig bis größtenteils im Rahmen der Integrierten Kommunikation mit den anderen Kommunikationsinstrumenten ab. In Schaubild 23 sind die Ergebnisse zum Grad der Einbeziehung der Kommunikationsinstrumente in die Integrierte Kommunikation dokumentiert.

Frage Nr. D 2

Instrumente	Mittelwert*	Ja, vollständig	Größtenteils	Kaum	Nein, überhaupt nicht
Mediawerbung	2,00	44,2	25,4	16,7	13,8
PR/Öffentlichkeitsarbeit	1,57	54,3	34,1	11,6	0,0
Verkaufsförderung	2,38	26,8	30,4	21,0	21,7
Messen/Ausstellungen	2,26	31,2	26,1	28,3	14,5
Sponsoring	2,48	23,2	27,5	27,5	21,7
Persönlicher Verkauf/Vertrieb	2,39	25,4	28,3	28,3	18,1
Direct-Marketing	2,46	26,8	23,9	26,1	23,2
Event-Marketing	2,34	26,8	32,6	20,3	20,3
Mitarbeiterkommunikation	1,78	42,0	39,9	16,7	1,4
Online-Marketing	2,20	33,3	29,7	21,0	15,9
Social Media	2,49	27,5	20,3	27,5	24,6
Verpackung	3,17	10,9	15,2	20,3	53,6
Kundenbindung/CRM	2,45	19,6	31,9	32,6	15,9

(Häufigkeiten in Prozent, n = 138)
*Durchschnittswerte einer Skala von 1 = Ja bis 4 = Nein

Schaubild 23: Einbeziehung von Kommunikationsinstrumenten in die Integrierte Kommunikation

Die vergleichende Betrachtung der Veränderung der Einbindung der Kommunikationsinstrumente in die Integrierte Kommunikation 2005 und 2013 lässt deutlich werden, dass sich beim Direct-Marketing, Kundenbindung/CRM und Verpackung fundamentale Veränderungen ergeben haben. Gegenüber 2005 findet 2013 eine verstärkte Einbindung dieser Instrumente in die Integrierte Kommunikation statt. Die Veränderungen bei den anderen Kommunikationsinstrumenten weisen ebenfalls einen verstärkten Integrationstrend auf, wenngleich dessen Ausmaß

Einsatz der Kommunikationsinstrumente innerhalb der Integrierten Kommunikation 49

geringer ausfällt. Die Entwicklung des Einsatzes der Kommunikationsinstrumente im Rahmen der Integrierten Kommunikation im Zeitablauf verdeutlicht Schaubild 24.

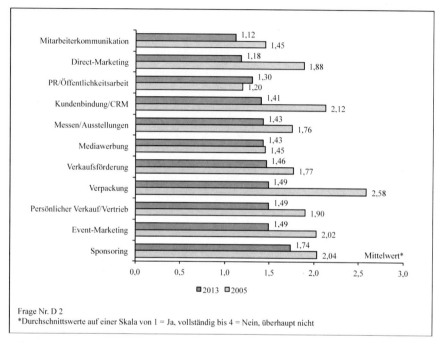

Schaubild 24: Entwicklung der Einbeziehung von Kommunikationsinstrumenten in die Integrierte Kommunikation 2013 und 2005

5.2.2 Branchenspezifische Einbeziehung von Instrumenten in die Integrierte Kommunikation

Die Analyse legt signifikante branchenspezifische Unterschiede bei der Einbeziehung verschiedener Instrumente in die Integrierte Kommunikation der befragten Unternehmen vor.

Die **Verkaufsförderung** wird vor allem von Verbrauchs- und Gebrauchsgüterherstellern, Herstellern industrieller Güter und Dienstleistungsanbietern eingesetzt.

Die Verbrauchs- und Gebrauchsgüterhersteller binden die **Verpackung** gegenüber den anderen Anbietern umfassender in die Integrierte Kommunikation ein – ein Ergebnis, das auf die Besonderheiten der verschiedenen Branchen zurückzuführen ist.

Auf die **Kundenbindung/CRM** greifen verstärkt die Gebrauchsgüterherstellern innerhalb der Integrierten Kommunikation zurück, weniger jedoch die anderen Branchensektoren. Für den Einsatz aller anderen Kommunikationsinstrumente liegen keine branchenspezifischen Unterschiede vor. In diesen Branchen werden die verschiedenen Kommunikationsinstrumente zwar relativ gleichmäßig verteilt eingesetzt, leichte branchenspezifische Tendenzen hinsichtlich der Einbindung verschiedener Kommunikationsinstrumente sind dennoch in der Übersicht in Schaubild 25 erkennbar.

Einsatz der Kommunikationsinstrumente innerhalb der Integrierten Kommunikation

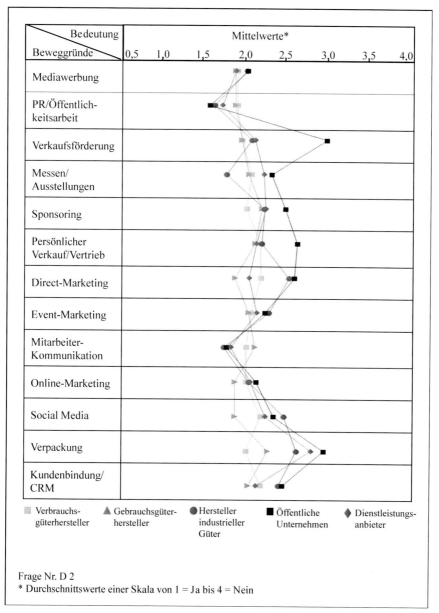

Schaubild 25: Unterschiede zwischen den Unternehmen verschiedener Branchensektoren beim Einsatz der Kommunikationsinstrumente

5.2.3 Bedeutung der Kommunikationsinstrumente im Rahmen der Integrierten Kommunikation

Nicht jedes Kommunikationsinstrument ist im Rahmen der Integrierten Kommunikation von gleicher Relevanz. Diese Divergenzen werden durch eine Bedeutungsanalyse offengelegt. Das Kommunikationsinstrument **PR/Öffentlichkeitsarbeit** wird von vielen der befragten Unternehmen auf Rang 1 gewählt (36,7 Prozent). Auf Rang 2 liegt am häufigsten die Mitarbeiterkommunikation (18,0 Prozent), gefolgt von der PR/Öffentlichkeitsarbeit und dem **Persönlichen Verkauf/Vertrieb** (11,5 Prozent). Rang 3 besetzt mehrheitlich die **Mitarbeiterkommunikation** (26,6 Prozent) und das Online-Marketing (10,8 Prozent). Die Ergebnisse zur Rangfolge der Kommunikationsinstrumente sind in Schaubild 26 zusammengefasst. Folglich lässt sich aufgrund der Häufigkeiten die folgende Rangfolge bilden: PR/Öffentlichkeitsarbeit (Rang 1), Persönlicher Verkauf/Vertrieb (Rang 2) und Mitarbeiterkommunikation (Rang 3).

Einsatz der Kommunikationsinstrumente innerhalb der Integrierten Kommunikation 53

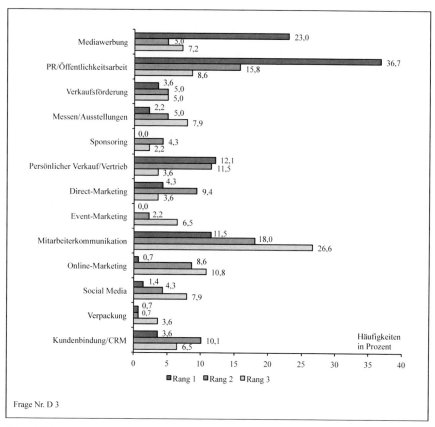

Schaubild 26: Bedeutung der Kommunikationsinstrumente im Rahmen der Integrierten Kommunikation

5.2.4 Strategische und taktische Aufgaben der Kommunikationsinstrumente

Die Kommunikationsinstrumente können je nach ihrer primären Aufgabe in **strategische und taktische Instrumente** kategorisiert werden. Die strategischen Instrumente dienen der langfristigen Steuerung des kommunikativen Auftritts eines Unternehmens, die taktischen Instrumente dem Erreichen kurzfristiger Kommunikationswirkungen. Die Einschätzungen der befragten Unternehmen gibt Schaubild 27 wieder.

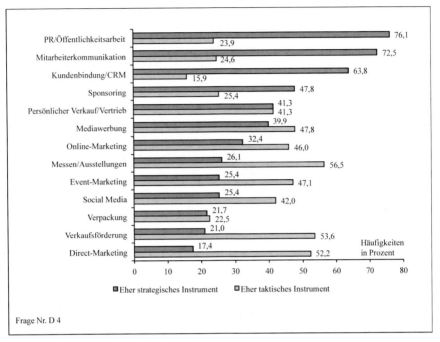

Schaubild 27: Strategische und taktische Aufgaben von Kommunikationsinstrumenten

Die Instrumente PR/Öffentlichkeitsarbeit, Mitarbeiterkommunikation, Kundenbindung/CRM und Sponsoring weisen eher strategischen Charakter auf, wohingegen die anderen eher als eher taktische Instrumente angesehen werden. Lediglich der Persönliche Verkauf/Vertrieb lässt sich weder klar als strategisches noch als taktisches Instrument einstufen.

Die Untersuchungen der Entwicklung der strategischen Bedeutung der Kommunikationsinstrumente von 2013 und 2005 lassen den Schluss zu, dass keine inhaltlichen Verschiebungen hinsichtlich der Einordnung in strategische und taktische Instrumente erfolgt sind. So sind die PR/Öffentlichkeitsarbeit, Mitarbeiterkommunikation und Kundenbindung/CRM weiterhin die Instrumente mit der größten strategischen Bedeutung.

Einsatz der Kommunikationsinstrumente innerhalb der Integrierten Kommunikation 55

5.2.5 Beziehungen zwischen den Kommunikationsinstrumenten

Um den Einsatz der Kommunikationsinstrumente bestmöglich koordinieren zu können, sind Kenntnisse über die Beziehungen zwischen den Kommunikationsinstrumenten (**interinstrumentelle Beziehungen**) hilfreich. Für jedes Instrument gilt es daher, seine Einflussnahme auf und Beeinflussbarkeit durch andere Instrumente im Rahmen einer Beziehungsanalyse zu ermitteln. Schaubild 28 veranschaulicht die Analyseergebnisse.

Eine hohe **Einflussnahme auf andere Instrumente** üben die Mitarbeiterkommunikation und PR/Öffentlichkeitsarbeit aus. Darüber hinaus werden die anderen Instrumente relativ stark durch die Mediawerbung und Online-Marketing beeinflusst.

Der **Einfluss durch andere Kommunikationsinstrumente** ist bei der Verpackung, Verkaufsförderung und Sponsoring besonders stark. Aber auch Messen/Ausstellungen und Event-Marketing sind in hohem Maße von den anderen Instrumenten abhängig.

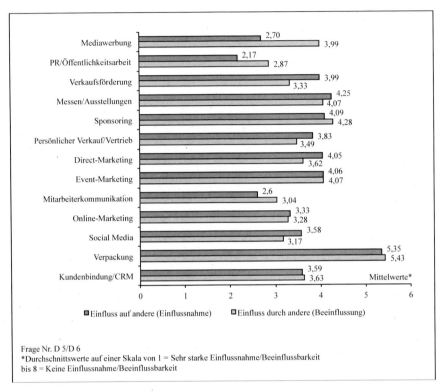

Schaubild 28: Beziehungen zwischen Kommunikationsinstrumenten

5.2.6 Typen von Kommunikationsinstrumenten

Die Typen von Kommunikationsinstrumenten ergeben sich, wenn die Werte der ermittelten Einflussnahme und Beeinflussbarkeit durch eine Dichotomisierung in hohe bzw. niedrige Einflussnahme/Beeinflussbarkeit zueinander in Relation gesetzt werden. Im Ergebnis kristallisieren sich vier Typen von Kommunikationsinstrumenten heraus, die Schaubild 29 wiedergibt.

Als **Leitinstrument** geht die Mediawerbung hervor. Sie weist eine hohe Einflussnahme auf andere Instrumente auf, wird von diesen aber nur geringfügig beeinflusst. Sämtliche ihrer Maßnahmen gilt es, auf ihre Folgewirkungen bei anderen Instrumenten zu prüfen.

Einsatz der Kommunikationsinstrumente innerhalb der Integrierten Kommunikation

Beeinflussbarkeit \ Einflussnahme	Hohe Einflussnahme	Niedrige Einflussnahme
Niedrige Beeinflussbarkeit	**Leitinstrumente** • Mediawerbung	**Integrationsinstrumente** • Persönlicher Verkauf/Vertrieb • Event-Marketing • Direct-Marketing • Messen/Ausstellungen • Sponsoring • Verpackung
Hohe Beeinflussbarkeit	**Kristallisationsinstrumente** • PR/Öffentlichkeitsarbeit • Mitarbeiterkommunikation • Online-Marketing • Social Media • Kundenbindung/CRM	**Folgeinstrumente** • Verkaufsförderung

Schaubild 29: Typen von Kommunikationsinstrumenten innerhalb der Integrierten Kommunikation

Anhand der Typologie lassen sich die PR/Öffentlichkeitsarbeit, Mitarbeiterkommunikation, Online-Marketing, Social Media und Kundenbindung/CRM als **Kristallisationsinstrumente** charakterisieren. Sie üben einen hohen Einfluss auf andere Instrumente aus, werden gleichzeitig aber nur wenig von diesen beeinflusst. Ihre komplexe Vernetzung im Kommunikationsmix erfordert sowohl eine Analyse der Folgewirkung ihrer Maßnahmen als auch den Einfluss externer Größen. Diese Instrumente haben eine spezifische und zentrale Bedeutung für ausgewählte Zielgruppen eines Unternehmens.

Weisen Kommunikationsinstrumente eine niedrige Einflussnahme und eine niedrige Beeinflussbarkeit auf, handelt es sich um **Integrationsinstrumente**. Hierunter werden der Persönliche Verkauf/Vertrieb, Event-Marketing, Direkt-Marketing, Messen/Ausstellungen, Sponsoring und Verpackung subsumiert. Aufgrund ihrer Charakteristika gilt es, Verbindungslinien zwischen diesen und den anderen Instrumenten zu finden.

Folgeinstrumente beeinflussen andere Instrumente nur in geringem Maße, hängen aber stark von anderen Instrumenten ab. Die Verkaufsförderung fällt als einziges Instrument in diese Instrumentekategorie. Dies impliziert, dass beim Einsatz der entsprechenden Kommunikationsmaßnahmen auf die Vorgaben anderer Instrumente zu achten ist.

Zwischen 2005 und 2013 hat sich die Typologie der Kommunikationsinstrumente nur leicht verschoben, wie

Schaubild **30** zu entnehmen ist. Die Mediawerbung ist auch 2013 ein **Leitinstrument**, die PR/Öffentlichkeitsarbeit gilt dagegen nicht mehr als solches, sondern als Kristallisationsinstrument. Dies verdeutlicht die weiterhin zunehmende strategische Bedeutung der Mediawerbung im Kommunikationsmix. Sie ist aufgrund ihrer Fähigkeit, das gesamte Kommunikationssystem verändern zu können, als Ausgangspunkt für die gesamte Integrierte Kommunikation zu nutzen.

Verschiebungen haben sich bei den **Kristallisationsinstrumenten** ergeben. Neu werden die PR/Öffentlichkeitsarbeit, Online-Marketing, Social Media[3] und Kundenbindungsmanagement/CRM als solche klassifiziert. Der Persönliche Vertrieb/Verkauf hat sich zu einem Integrationsinstrument entwickelt. Die Mitarbeiterkommunikation wird auch heute noch als Kristallisationsinstrument angesehen. Unternehmen haben bei ihrem Einsatz darauf zu achten, dass diese Instrumente nicht nur einseitig Einfluss auf andere Instrumente ausüben, sondern gleichzeitig selbst beeinflusst werden können.

Die Einordnung des Event- und Direct-Marketing, Messen/Ausstellungen, Verpackung und Sponsoring als **Integrationsinstrumente** hat sich bis heute nicht verändert, neu hinzugekommen ist dagegen der Persönliche Vertrieb/Außendienst. Bei den **Folgeinstrumenten** sind keine Veränderungen zu beobachten. So zählt hierzu von 2005 bis heute einzig die Verkaufsförderung. Beide Instrumen-

---

[3] Das Online-Marketing und Social Media ersetzen die Multimediakommunikation.

tentypen bewirken kaum Veränderungen auf die anderen Instrumente im Kommunikationsmix, so dass ihr Einsatz im Rahmen der Integrierten Kommunikation als relativ unbedenklich einzustufen ist (vgl. Bruhn 2009, S. 149).

Beeinflussbarkeit \ Einflussnahme	Hohe Einflussnahme		Niedrige Einflussnahme	
	Leitinstrumente		**Integrationsinstrumente**	
	2013	2005	2013	2005
Niedrige Beeinflussbarkeit	• Mediawerbung	• Mediawerbung • PR/Öffentlichkeitsarbeit	• Persönlicher Verkauf/Vertrieb • Event-Marketing • Direct-Marketing • Messen/ Ausstellungen • Sponsoring • Verpackung	• Sponsoring • Verpackung • Event-Marketing • Direct-Marketing • Messen/ Ausstellungen
	Kristallisationsinstrumente		**Folgeinstrumente**	
	2013	2005	2013	2005
Hohe Beeinflussbarkeit	• PR/Öffentlichkeitsarbeit • Mitarbeiterkommunikation • Online-Marketing • Social Media • Kundenbindung/ CRM	• Mitarbeiterkommunikation • Kundenbindungsmanagement/CRM • Persönlicher Verkauf/Vertrieb	• Verkaufsförderung	• Verkaufsförderung

Schaubild 30: Typen von Kommunikationsinstrumenten im Vergleich von 2013 und 2005

5.2.7 Verteilung des Kommunikationsbudgets

Innerhalb der operativen Ausrichtung der Integrierten Kommunikation ist neben der Bestimmung des Kommunikationsmix, Überlegungen hinsichtlich der strategischen und taktischen Bedeutung sowie Typologisierung die relative Bedeutung (gemessen am Budgetanteil) der einzusetzenden Kommunikationsinstrumente festzulegen.

Die Untersuchungsergebnisse lassen erkennen, dass dem Leitinstrument der **Mediawerbung** im Durchschnitt der größte Budgetanteil zukommt (Mittelwert 17,4 Prozent). Ebenfalls recht hohe Anteile werden dem **persönlichen Verkauf/Vertrieb** (Mittelwert 16,1 Prozent) sowie der **PR/Öffentlichkeitsarbeit** (Mittelwert 15,2 Prozent) zuteil.

Bei den **neuen Medien** sind unterschiedliche Verteilungen zu beobachten. Entfällt auf das Online-Marketing noch ein relativ hoher Budgetanteil (Mittelwert 8,86 Prozent), fällt dieser für Social Media insgesamt am geringsten aus (Mittelwert 3,84 Prozent).

Ebenfalls einen geringen Budgetanteil weisen die **Verpackung** (Mittelwert 4,83 Prozent) und das **Sponsoring** (Mittelwert 6,14 Prozent) auf. Im Mittelfeld befinden sich unter anderem die Mitarbeiterkommunikation, Kundenbindung/CRM und Messen/Ausstellungen. Die jeweiligen Budgetanteile sind Schaubild 31 zu entnehmen.

Frage Nr. D 15

Instrumente	Mittelwert*
Mediawerbung	17,4
Persönlicher Verkauf/Vertrieb	16,1
PR/Öffentlichkeitsarbeit	15,2
Direct-Marketing	8,9
Online-Marketing	8,8
Mitarbeiterkommunikation	8,1
Kundenbindung/CRM	8,0
Messen/Ausstellungen	7,9
Event-Marketing	7,3
Verkaufsförderung	6,9
Sponsoring	6,1
Verpackung	4,8
Social Media	3,8
Sonstige	1,2

*Mittelwerte der angegebenen Prozentwerte, n = 138)

Schaubild 31: Verteilung des Kommunikationsbudgets auf die einzelnen Kommunikationsinstrumente

Im Vergleich zu 2005 hat insbesondere der persönliche Verkauf/Vertrieb an Bedeutung gewonnen, wohingegen die Mediawerbung und Verkaufsförderung mit ihrem Budgetanteil deutlich nach unten gewandert sind. Auf die anderen Kommunikationsinstrumente entfällt 2013 im Vergleich zu 2005 etwas weniger Budget. Anzumerken ist allerdings, dass neu das Online-Marketing und Social Media hinzugekommen sind, die Multimediakommunikation dafür weggefallen ist.

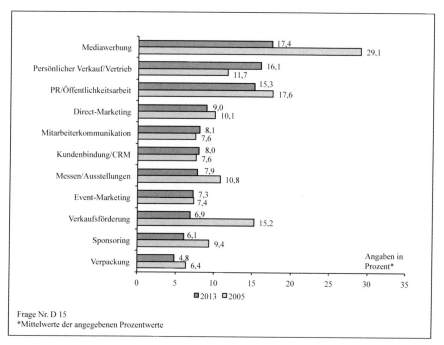

Schaubild 32: Entwicklung der Budgetverteilung auf die einzelnen Kommunikationsinstrumente

5.3 Interne Integrationsvoraussetzungen

Die Integrierte Kommunikationsarbeit kann nur erfolgreich nach außen erfolgen, wenn die internen Voraussetzungen dafür geschaffen sind. Interne Integrationsvoraussetzungen beziehen sich auf die Strukturen, Systeme, Prozesse und Kultur eines Unternehmens. Folgende Aspekte werden in diesem Zusammenhang im Einzelnen beleuchtet und einer genauen Analyse unterzogen:

- Einschätzung der Integrationsvoraussetzungen,
- Einflüsse der internen Integrationsvoraussetzungen auf den Grad der Integrierten Kommunikation,
- Einfluss der internen Integrationsvoraussetzungen auf den Integrationserfolg.

5.3.1 Einschätzung der Integrationsvoraussetzungen

Ein Großteil der befragten Unternehmen hat bereits umfassende **integrationsorientierte Strukturen** geschaffen. Bei 90,6 Prozent erfolgt bereits vollständig bzw. teilweise vollständig eine regelmäßige Zusammenarbeit zwischen den Kommunikationsabteilungen. Auch ist es bereits vielen Unternehmen gelungen, integrationsorientierte Strukturen über die Etablierung eines regelmäßigen Informationsaustausches zwischen den Kommunikationsabteilungen aufzubauen. Etwas weniger erfolgt die Schaffung integrationsorientierter Strukturen über abteilungsübergreifende Projektteams in der Kommunikationsarbeit. Insgesamt bewerten 47,1 Prozent der befragten Unternehmen die Strukturen als sehr förderlich für die Integrierte Kommunikation, 26,1 Prozent als eher förderlich (vgl. Schaubild 33).

Interne Integrationsvoraussetzungen

Frage Nr. D 7

Integrationsorientierte Strukturen	Mittelwert*	1	2	3	4	5	6	7	8
Es erfolgt eine regelmäßige Zusammenarbeit zwischen den Kommunikationsabteilungen in unserem Unternehmen.	2,43	37,0	26,1	21,7	5,8	1,4	2,2	0,7	5,1
Es existieren abteilungsübergreifende Projektteams in der Kommunikationsarbeit in unserem Unternehmen.	3,50	21,7	26,1	13,8	10,1	5,8	5,1	4,3	13,0
Es findet ein regelmäßiger Informationsaustausch zwischen den Kommunikationsabteilungen in unserem Unternehmen statt.	2,60	33,3	29,7	18,8	2,9	4,3	4,3	0,7	5,8
Die Strukturen in unserem Unternehmen fördern eine Integrierte Kommunikation.	3,36	19,6	27,5	13,8	12,3	8,7	6,5	5,1	6,5

(Häufigkeiten in Prozent, n = 138)
*Durchschnittswerte einer Skala von 1 = Trifft vollständig zu bis 8 = Trifft nicht zu

Schaubild 33: Integrationsorientierte Strukturen

Die Stellungnahmen der befragten Unternehmen zu den **integrationsorientierten Systemen** lassen deutlich werden, dass die befragten Unternehmen bereits einige Systeme implementiert haben, die die Integrierte Kommunikation fördern (siehe Schaubild 34). So macht die Existenz von Informationssystemen den wichtigsten Bestandteil integrationsorientierter Systeme aus, gefolgt von den Planungssystemen. Insgesamt begünstigen die Systeme der befragten Unternehmen relativ gut die Integrierte Kommunikation. Ebenfalls treffen die einzelnen aufgeführten Bereiche integrationsorientierter Strukturen verhältnismäßig gut auf die befragten Unternehmen zu (Gesamtmittelwert 2,97).

Frage Nr. D 8

Integrationsorientierte Systeme	Mittelwert*	1	2	3	4	5	6	7	8
In unserem Unternehmen existieren Informationssysteme, die die Integrierte Kommunikation unterstützen.	3,53	15,9	23,2	19,6	13,8	4,3	12,3	5,8	5,1
In unserem Unternehmen existieren Planungssysteme, die die Integrierte Kommunikation unterstützen.	4,03	13,0	17,4	14,5	14,5	12,3	13,8	6,5	8,0
In unserem Unternehmen existieren Steuerungssysteme, die die Integrierte Kommunikation unterstützen.	4,28	9,4	16,7	14,5	13,0	14,5	15,2	7,2	9,4
In unserem Unternehmen existieren Kontrollsysteme, die die Integrierte Kommunikation unterstützen.	5,10	5,8	8,0	9,4	15,2	14,5	16,7	16,7	13,8
Die Systeme in unserem Unternehmen fördern eine Integrierte Kommunikation.	4,30	9,4	10,9	20,3	16,7	12,3	12,3	9,4	8,7

(Häufigkeiten in Prozent, n = 138)
*Durchschnittswerte einer Skala von 1 = Trifft vollständig zu bis 8 = Trifft nicht zu

Schaubild 34: Integrationsorientierte Systeme

Ein Blick auf die **integrationsorientierten Prozesse** in Schaubild 35 zeigt, dass bei den befragten Unternehmen mehrheitlich über unternehmensinterne Prozesse eine abteilungsübergreifende Abstimmung der Kommunikation sichergestellt wird. So geben 62,3 Prozent an, das dies vollständig oder teilweise zutrifft. Der Mittelwert von 3,84 deutet tendenziell auf eine leicht positive Zustimmungsrate hin. Ein ähnliches Bild ergibt sich hinsichtlich der Implementierung unternehmensinterner Prozesse für die Umsetzung der Integrierten Kommunikation in die betrieblichen Abläufe, Erleichterung der Abstimmung zwischen den an der Integrierten Kommunikation beteiligten Kommunikationsabteilungen durch unternehmensinterne Prozesse sowie der Sicherstellung einer abteilungsübergreifenden Abstimmung der Kommunikation über unternehmensinterne Prozesse. Dem Statement, dass unternehmensinterne Prozesse den Anforderungen der Integrierten Kommunikation angepasst wurden, stimmen die Unternehmen im Mittel mit 4,20 zu. Insgesamt sind es 57,9 Prozent die angeben, dass dies bei ihnen im Unternehmen vollständig bis teilweise zutrifft. Bei 62,3 Prozent der befragten Unternehmen fördern die Prozesse vollständig bis teilweise eine Integrierte Kommunikation. Die Ergebnisse zu den integrationsorientierten Prozessen fasst Schaubild 35 zusammen.

Frage Nr. D 9

Integrationsorientierte Prozesse	Mittelwert*	1	2	3	4	5	6	7	8
Unternehmensinterne Prozesse für die Umsetzung der Integrierten Kommunikation sind in die betrieblichen Abläufe implementiert.	3,88	11,6	13,8	22,5	19,6	7,2	15,2	5,8	4,3
Unternehmensinterne Prozesse wurden den Anforderungen der Integrierten Kommunikation angepasst.	4,20	8,7	14,5	21,7	13,0	12,3	13,8	7,2	8,7
Unternehmensinterne Prozesse erleichtern die Abstimmung zwischen den an der Integrierten Kommunikation beteiligten Kommunikationsabteilungen.	3,91	10,9	14,5	24,6	16,7	10,1	10,1	5,8	7,2
Unternehmensinterne Prozesse stellen eine abteilungsübergreifende Abstimmung der Kommunikation sicher.	3,84	11,6	19,6	21,7	9,4	14,5	10,9	5,8	6,5
Die Prozesse in unserem Unternehmen fördern eine Integrierte Kommunikation.	3,99	10,1	20,3	17,4	14,5	7,2	15,9	9,4	5,1

(Häufigkeiten in Prozent, n = 138)
*Durchschnittswerte einer Skala von 1 = Trifft vollständig zu bis 8 = Trifft nicht zu

Schaubild 35: Integrationsorientierte Prozesse

Die Auswertungsergebnisse zur **integrationsorientierten Kultur** in Schaubild 36 legen offen, dass die kulturellen Integrationsaspekte teilweise eher knapp auf die befragten Unternehmen zutreffen. So wird die Schaffung einer integrationsorientierten Kultur durch den verhältnismäßig geringen Kenntnisstand über das Thema der Integrierten Kommunikation seitens der Mitarbeiter (Mittelwert 4,59) sowie durch das relativ geringe Bewusstsein hinsichtlich der Bedeutung der Integrierten Kommunikation (Mittelwert 4,49) erschwert. Eine tendenzielle Erleichterung wird durch die eher zutreffende Kooperations- (Mittelwert 3,80) und

Koordinationsbereitschaft (Mittelwert 3,88) der Mitarbeiter herbeigeführt. Insgesamt verfügen die befragten Unternehmen zum jetzigen Zeitpunkt noch über eine relativ moderat ausgeprägte integrationsorientierte Kultur (Gesamtmittelwert 4,19).

Frage Nr. D 10

Integrationsorientierte Kultur	Mittelwert*	1	2	3	4	5	6	7	8
Der Kenntnisstand über das Thema der Integrierten Kommunikation seitens der Mitarbeiter in unserem Unternehmen ist hoch.	4,59	6,5	10,1	15,9	14,5	16,7	15,9	14,5	5,8
Die Mitarbeiter in unserem Unternehmen sind sich der Bedeutung der Integrierten Kommunikation bewusst.	4,49	8,7	13,8	12,3	18,1	11,6	10,1	18,8	6,5
Die Kooperationsbereitschaft der Mitarbeiter in unserem Unternehmen hinsichtlich der Integrierten Kommunikation ist hoch.	3,80	8,7	18,1	23,9	17,4	12,3	9,4	5,1	5,1
Die Koordinationsbereitschaft der Mitarbeiter in unserem Unternehmen hinsichtlich der Integrierten Kommunikation ist hoch.	3,88	5,1	15,9	29,7	20,3	10,1	8,0	5,1	5,8

(Häufigkeiten in Prozent, n = 138)
*Durchschnittswerte einer Skala von 1 = Trifft vollständig zu bis 8 = Trifft nicht zu

Schaubild 36: Integrationsorientierte Kultur

Bei einem **Vergleich der vier internen Integrationsvoraussetzungen** ist anzumerken, dass die Schaffung integrationsorientierter Strukturen mit deutlichem Abstand bereits am weitesten fortgeschritten ist (Gesamtmittelwert 2,97), die Implementierung integrationsorientierter Systeme (Gesamtmittelwert 4,24) und Kultur (Gesamtmittelwert 4,19) dagegen am wenigsten. Hier besteht ein relativ hohes Verbesserungspotenzial, ebenso auch bei den integrationsorientierten Prozessen (Gesamtmittelwert 3,96).

Interne Integrationsvoraussetzungen

5.3.2 Einflüsse der internen Integrationsvoraussetzungen auf den Grad der Integrierten Kommunikation

Für die integrationsorientierten Strukturen und Prozesse konnten signifikante Einflüsse auf den Grad der Integrierten Kommunikation ermittelt werden. Hinsichtlich der **integrationsorientierten Strukturen** zeigt sich, dass, je mehr eine regelmäßige Zusammenarbeit zwischen den Kommunikationsabteilungen erfolgt (Regressionskoeffizient = 0,11) und je mehr abteilungsübergreifende Projektteams in der Kommunikationsarbeit (Regressionskoeffizient = 0,11) existieren, die Unternehmen ihre Integrierte Kommunikationsarbeit signifikant umfassender integrieren.

Integrationsorientierte Prozesse wirken sich in Form einer umfassenden Implementierung unternehmensinterner Prozesse für die Umsetzung der Integrierten Kommunikation in die betrieblichen Abläufe integrationsfördernd aus (Regressionskoeffizient = 0,17).

5.3.3 Einflüsse der internen Integrationsvoraussetzungen auf den Integrationserfolg

Einflüsse der internen Integrationsvoraussetzungen auf den Integrationserfolg ließen sich für die integrationsorientierten Systeme, Prozesse und Kultur, nicht jedoch für die integrationsorientierten Strukturen feststellen. Der Grad der **integrationsorientierten Kultur** wirkt sich ausschließlich auf den Markterfolg aus. Eine Imagesteigerung wird herbeigeführt, wenn der Kenntnisstand über das Thema der Integrierten Kommunikation seitens der Mitarbeiter hoch ist (Regressionskoeffizient = 0,20). Die Kundenzufriedenheit wird durch eine hohe Kooperationsbereitschaft der Mitarbeiter hinsichtlich der Integrierten Kommunikation gesteigert (Regressionskoeffizient = 0,20). Die Effekte des Grades der integrationsorientierten Kultur auf die Kundenbindung fallen gegensätzlich aus. Wird die Kundenbindung durch einen hohen Kenntnisstand über das Thema der Integrierten Kommunikation seitens der Mitarbeiter positiv beeinflusst (Regressionskoeffizient = 0,26), erfährt sie durch eine hohe Koordinationsbereitschaft der Mitarbeiter hinsichtlich der Integrierten Kommunikation eine Minderung (Regressionskoeffizient = -0,23).

Beeinflusste das Ausmaß der integrationsorientierten Kultur ausschließlich den Markterfolg, wirkt sich der Grad der Ausgestaltung **integrationsorientierter Prozesse** nur auf den ökonomischen Erfolg aus. Erleichtern unternehmensinterne Prozesse die Abstimmung zwischen den an der Integrierten Kommunikation beteiligten Kommunikationsabteilungen stark, wird der Gewinn positiv beeinflusst (Regressionskoeffizient = 0,24). Ausschließlich positive Effekte liegen für den ROI und Umsatz vor. Wird durch unternehmensinterne Prozesse die Abstimmung zwischen den an der Integrierten Kommunikation beteiligten Kommunikationsabteilungen sehr erleichtert, schlägt sich dies in einer ROI- (Regressionskoeffizient = 0,27) und einer Umsatzsteigerung (Regressionskoeffizient = 0,21) nieder. Weiterhin wirkt sich das Ausmaß der Implementierung unternehmensinterner Prozesse für die Umsetzung der Integrierten Kommunikation in die betrieblichen Abläufe positiv auf den Umsatz aus (Regressionskoeffizient = 0,17).

Einzig die **integrationsorientierten Systeme** wirken sowohl auf den Markt- als auch auf den ökonomischen Erfolg. Beim Markterfolg sind es die Kundenbindung (Regressionskoeffizient = 0,14) und -zufriedenheit (Regressionskoeffizient = 0,11), die vom Ausmaß des Vorliegens eines Kontrollsystems zur Messung des Kommunikationserfolgs positiv beeinflusst werden. Die Kundenbindung (Regressionskoeffizient = -0,15) wird jedoch dadurch negativ beeinflusst. Ebenso wie der Gewinn (Regressionskoeffizient = 0,21) steigt auch der ROI an (Regressionskoeffizient = 0,20), wenn umfassende Steuerungssysteme existieren, die die Integrierte Kommunikation unterstützen. Liegen bereits umfassende integrationsfördernde Informationssysteme vor, bewirkt dies ebenfalls einen Anstieg des ROI (Regressionskoeffizient = 0,16). ROI- (Regressionskoeffizient = -0,22) und Gewinnrückgänge (Regressionskoeffizient = -0,19) werden durch das Ausmaß des Vorliegens von Informationssystemen, die die Integrierte Kommunikation unterstützen, verzeichnet.

5.4 Formen der Integrierten Kommunikation

Die Integration der Kommunikation erfolgt sowohl in inhaltlicher, formaler als auch zeitlicher Hinsicht. Diese drei Formen der Integration kommunikationspolitischer Aktivitäten dienen Unternehmen dazu, durch eine umfassende integrative Ausrichtung ihrer Kommunikationsaktivitäten einen abgestimmten und einheitlichen Kommunikationsauftritt sicherzustellen (Bruhn 2009, S. 80ff.).

Die **inhaltliche Integration** umfasst die thematische Verknüpfung der einzelnen Kommunikationsinstrumente durch Verbindungslinien (z. B. Slogans, Kernbotschaften, Schlüsselbilder) mit dem Ziel, ein einheitliches Erscheinungsbild bei den Zielgruppen zu vermitteln. Formale Vereinheitlichungen werden im Rahmen der **formalen Integration** durch den Einsatz von Gestaltungsprinzipien (z. B. Unternehmens- und Markenzeichen, Logos, Typografie, Layout, Farben) vorgenommen. Zur Erreichung der Ziele der Integrierten Kommunikation wie beispielsweise der Realisierung von Lerneffekten bei den Zielgruppen und damit einer Kontinuität in der Kommunikation sind die Kommunikationsaktivitäten (sowohl zwischen verschiedenen Kommunikationsinstrumenten als auch innerhalb eines Kommunikationsinstruments) im Rahmen der **zeitlichen Integration** kontinuierlich kurz- bis mittelfristig aufeinander abzustimmen. In diesem Zusammenhang sind die folgenden Aspekte genauer zu analysieren:

- Einsatz der Integrationsformen,
- Einsatz der Integrationsformen in verschiedenen Branchen,
- Wirkung der Einsatzdauer der Integrierten Kommunikation auf die Verwendung der Integrationsformen,
- Zusammenhänge zwischen der Verantwortungszuordnung und der Verwendung der Integrationsformen,
- Wirkungen des Ausmaßes des Vorliegens eines strategischen Konzepts der Integrierten Kommunikation auf die Verwendung der Integrationsformen.

5.4.1 Einsatz der Integrationsformen

Die Auswertung der Ergebnisse verdeutlicht die Relevanz und **Überlegenheit der formalen Integration** bei der Umsetzung der Integrierten Kommunikation in der Praxis. So weist der Gesamtmittelwert von 1,68 darauf hin, dass die formale Integration bereits von vielen Unternehmen relativ umfassend realisiert wird. Dies ist darauf zurückzuführen, dass diese Integrationsform in der Praxis am einfachsten zu verwirklichen ist (vgl. Bruhn 2009, S. 83). Insbesondere die Beachtung formaler Gestaltungsrichtlinien bei Zeichen und Logos wird sehr häufig vorgenommen (71,0 der befragten Unternehmen stimmen voll und ganz zu). Auch die Beachtung formaler Gestaltungsrichtlinien bei Slogans und Schrifttypen ist sehr stark ausgeprägt und wird von über der Hälfte der Unternehmen vollständig vorgenommen.

Der **inhaltlichen** (Gesamtmittelwert 2,59) und **zeitlichen** (Gesamtmittelwert 2,76) Integration kommt dagegen ein geringerer Stellenwert zu, da sie in der Praxis verhältnismäßig weniger stark ausgeprägt sind als die formale Integration. Insbesondere die zeitliche Abstimmung des Einsatzes verschiedener Kommunikationsinstrumente über mehrere Planungsperioden stufen die befragten Unternehmen als am wenigsten zutreffend ein (Mittelwert 3,35). Trotz der vorhandenen Verbesserungspotenziale ist der Integrationsgrad auf Basis der Gesamtmittelwerte (inhaltlich: 2,59; formal: 1,68; zeitlich: 2,76) als relativ hoch einzustufen. Schaubild 37 gibt einen Überblick über die Ausgestaltung der Integrationsformen.

Formen der Integrierten Kommunikation

Frage Nr. D 11-D 13

Integrationsformen	Mittel-wert*	1	2	3	4	5	6	7	8
Inhaltliche Integration									
Die Vermittlung von Inhalten erfolgt in einheitlichen Kommunikationsbotschaften.	2,79	18,1	34,8	23,2	9,4	7,2	3,6	2,9	0,7
Zur Vermittlung einer inhaltlichen Botschaft werden gleiche Argumente bei verschiedenen Kommunikationsinstrumenten verwendet.	2,56	19,6	41,3	22,5	5,8	5,1	3,6	1,4	0,7
Die Verwendung einheitlicher Bildelemente wird bei verschiedenen Kommunikationsinstrumenten eingehalten.	2,45	31,2	29,0	21,0	11,6	1,4	2,9	1,4	1,4
Formale Integration									
Die Beachtung formaler Gestaltungsrichtlinien erfolgt bei Zeichen und Logos.	1,38	71,0	21,7	5,8	0,7	0,7	0,0	0,0	0,0
Die Beachtung formaler Gestaltungsrichtlinien bei Slogans ist vorhanden.	1,96	50,7	31,2	6,5	4,3	2,2	2,2	1,4	1,4
Die Beachtung formaler Gestaltungsrichtlinien erfolgt bei Schrifttypen.	1,70	56,5	27,5	10,9	2,9	0,7	0,0	0,7	0,7
Zeitliche Integration									
Innerhalb eines Kommunikationsinstrumentes sind die einzelnen Kommunikationsmaßnahmen/-mittel zeitlich aufeinander abgestimmt.	2,45	26,8	34,1	18,8	13,0	2,9	3,6	0,7	0,0
Der Einsatz verschiedener Kommunikationsinstrumente wird zeitlich innerhalb einer Planungsperiode aufeinander abgestimmt.	2,49	26,1	36,2	18,1	10,9	3,6	2,9	0,7	1,4
Der Einsatz verschiedener Kommunikationsinstrumente wird zeitlich über mehrere Planungsperioden hinweg aufeinander abgestimmt.	3,35	15,2	25,4	23,2	14,5	5,1	5,1	7,2	4,3

(Häufigkeiten in Prozent, n = 138)
*Durchschnittswerte einer Skala von 1 = Trifft vollständig zu bis 8 = Trifft nicht zu

Schaubild 37: Einsatz verschiedener Formen der Integrierten Kommunikation

5.4.2 Einsatz der Integrationsformen in verschiedenen Branchen

Die Mehrheit der branchenspezifischen Analysen ergab keine signifikanten Ergebnisse, so dass die Abstimmung der Kommunikationsinstrumente in den verschiedenen Branchensektoren weitgehend einheitlich erfolgt. Lediglich bei vereinzelten Integrationsaspekten konnten signifikante Branchenunterschiede ermittelt werden. Innerhalb der **formalen Integration** beachten Dienstleistungsanbieter sowie Verbrauchs- und Gebrauchsgüterhersteller die formalen Gestaltungsrichtlinien bei Slogans signifikant stärker als die anderen Branchensektoren.

Im Rahmen der **zeitlichen Integration** wird der Einsatz verschiedener Kommunikationsinstrumente von Dienstleistungsanbietern und Verbrauchsgüterherstellern innerhalb einer Planungsperiode verstärkter aufeinander abgestimmt als von den Gebrauchsgüterherstellern, Herstellern industrieller Güter und den öffentlichen Unternehmen/Nonprofit.

5.4.3 Wirkungen der Einsatzdauer der Integrierten Kommunikation auf die Verwendung der Integrationsformen

Die Einsatzdauer der Integrierten Kommunikation kann als wesentlicher Einflussfaktor der Integrationsformen bestätigt werden. Der Grad der **inhaltlichen Integration** ist umso größer, je länger sich Unternehmen bereits mit der Integrierten Kommunikation beschäftigen. So erfolgt eine umfassendere Vermittlung von Inhalten in einheitlichen Kommunikationsbotschaften (Regressionskoeffizient = 0,44; R^2 = 24,5 Prozent), Einhaltung der Verwendung gleicher Argumente bei verschiedenen Kommunikationsinstrumenten zur Vermittlung einer inhaltlichen Botschaft (Regressionskoeffizient = 0,36; R^2 = 22,1 Prozent) und einheitlicher Bildelemente bei verschiedenen Kommunikationsinstrumenten (Regressionskoeffizient = 0,44; R^2 = 27,2 Prozent), je länger die Unternehmen bereits im Sinne der Integrierten Kommunikation agieren.

Die Ausprägungen der **formalen Integration** hängen ebenfalls positiv mit der Einsatzdauer der Integrierten Kommunikation zusammen. Dies bedeutet, dass die Beachtung formaler Gestaltungsrichtlinien bei Zeichen und Logos mit der Dauer des Einsatzes der Integrierten Kommunikation verstärkt wird (Regressionskoeffizient = 0,36; R^2 = 22,1 Prozent).

Im Rahmen der **zeitlichen Integration** übt die Einsatzdauer einen positiven Einfluss auf die Abstimmung der einzelnen Kommunikationsmaßnahmen/-mittel innerhalb eines Kommunikationsinstrumentes (Regressionskoeffizient = 0,40; R^2 = 28,4 Prozent) sowie die zeitliche Abstimmung des Einsatzes verschiedener Kommunikationsinstrumente innerhalb einer (Regressionskoeffizient = 0,37; R^2 = 24,6 Prozent) und über mehrere Planungsperioden hinweg (Regressionskoeffizient = 0,44; R^2 = 21,7 Prozent) aus.

5.4.4 Zusammenhänge zwischen der Verantwortungszuordnung und der Verwendung der Integrationsformen

Für die Zusammenhänge zwischen der unternehmensinternen Verantwortung für die Planung der Integrierten Kommunikation und den Integrationsformen lieferten die Analysen nur teilweise signifikante Ergebnisse.

In **inhaltlicher Hinsicht** ergaben die Analysen keine signifikanten Zusammenhänge, dafür aber in Hinblick auf die **formale Integration**. Sind beispielsweise das Markenmanagement (Regressionskoeffizient = 0,13) sowie Social Media (Regressionskoeffizient = 0,13) in hohem Maße für die Planung der Integrierten Kommunikation verantwortlich, verbessert sich die Beachtung formaler Gestaltungsprinzipien bei Slogans. Eine Verschlechterung dieses Aspektes der formalen Integration tritt auf, wenn eine externe Kommunikationsagentur (Regressionskoeffizient = -0,13) umfassend in die Planung der Integrierten Kommunikation eingebunden ist.

Darüber hinaus liegen signifikante Zusammenhänge für die **zeitliche Integration** vor. Eine hohe Verantwortlichkeit des Vertriebs/Außendienstes (Regressionskoeffizient = 0,15) und Markenmanagement (Regressionskoeffizient = 0,15) für die Planung der Integrierten Kommunikation wirkt sich förderlich auf den zeitlich abgestimmten Einsatz verschiedener Kommunikationsinstrumente innerhalb einer Planungsperiode aus. Die Höhe der Verantwortungszuordnung auf das Produktmanagement (Regressionskoeffizient = -0,18) und die Mediawerbung (Regressionskoeffizient = -0,13) beeinflussen diesen Aspekt der zeitlichen Integration dagegen negativ.

5.4.5 Wirkungen eines strategischen Konzepts der Integrierten Kommunikation auf die Verwendung der Integrationsformen

Die teilweise signifikanten Ergebnisse des Einflusses der Ausgereiftheit eines strategischen Konzepts der Integrierten Kommunikation auf die Integrationsformen untermauern die Relevanz des Vorliegens eines solchen Konzepts. In Bezug auf die **inhaltliche Integration** ergeben sich durchweg signifikante Zusammenhänge. Je eher ein strategisches Konzept vorliegt, desto stärker nehmen Unternehmen die Vermittlung von Inhalten in einheitlichen Kommunikationsbotschaften vor (Regressionskoeffizient = 0,31; R^2 = 40,0 Prozent), verwenden zur Vermittlung einer inhaltlichen Botschaft gleiche Argumente bei verschiedenen Kommunikationsinstrumenten (Regressionskoeffizient = 0,25; R^2 = 34,3 Prozent) und halten die Verwendung einheitlicher Bildelemente bei verschiedenen Kommunikationsinstrumenten ein (Regressionskoeffizient = 0,30; R^2 = 39,3 Prozent).

Die **formalen Aspekte** der Integration werden mehrheitlich signifikant vom Ausmaß des Vorliegens eines strategischen Konzepts der Integrierten Kommunikation beeinflusst. So führt ein umfassendes strategisches Konzept dazu, dass Unternehmen zumindest ansatzweise verstärkt formale Gestaltungsrichtlinien bei Zeichen und Logos (Regressionskoeffizient = 0,05; R^2 = 16,2 Prozent) und Schrifttypen (Regressionskoeffizient = 0,11; R^2 = 20,4 Prozent) beachten.

Formen der Integrierten Kommunikation

Unternehmen, die bereits ein umfassendes strategisches Konzept ihrer integrierten Kommunikationsarbeit zugrunde legen, stimmen ihre kommunikativen Aktivitäten mehrheitlich zeitlich aufeinander ab **(zeitliche Integration)**. Im Einzelnen bedeutet dies, dass sie innerhalb eines Kommunikationsinstrumentes die einzelnen Kommunikationsmaßnahmen/-mittel (Regressionskoeffizient = 0,12; R^2 = 18,3 Prozent) und den Einsatz verschiedener Kommunikationsinstrumente innerhalb einer Planungsperiode (Regressionskoeffizient = 0,18; R^2 = 24,5 Prozent) zeitlich aufeinander abstimmen. Schaubild 38 verdeutlicht diese Unterschiede, indem es aufzeigt, dass die Integrationsformen im Mittel stärker ausgeprägt sind, wenn Unternehmen eher ein strategisches Konzept der Integrierten Kommunikation vorliegen haben als im Falle eines kaum vorhandenen strategischen Konzepts.

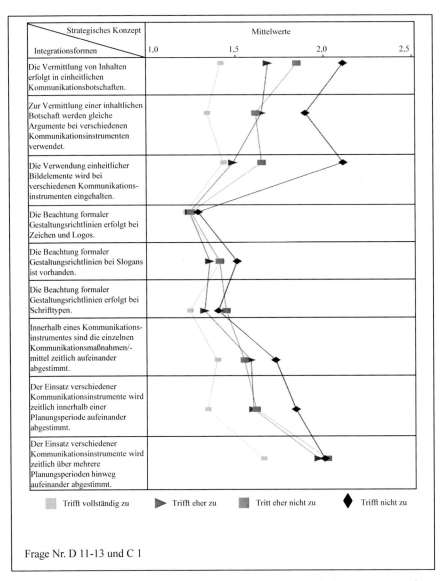

Schaubild 38: Unterschiede zwischen dem Vorliegen eines strategischen Konzepts und den Integrationsformen der Integrierten Kommunikation

5.4.6 Einfluss der Integrationsformen auf den Integrationsgrad

Die Ergebnisse zeigen, dass die Formen der Integrierten Kommunikation nur vereinzelt in der Lage sind, den Grad der Integrierten Kommunikation zu beeinflussen. Es kann bestätigt werden, dass im Rahmen der **inhaltlichen Integration** die Einhaltung der Verwendung einheitlicher Bildelemente bei verschiedenen Kommunikationsinstrumenten für einen Anstieg des Integrationsgrades mit verantwortlich ist (Regressionskoeffizient = 0,17). Bei der **formalen Integration** ist es die Beachtung formaler Gestaltungsrichtlinien bei Slogans (Regressionskoeffizient = 0,12) und bei der **zeitlichen Integration** die zeitliche Abstimmung der einzelnen Kommunikationsmaßnahmen/-mittel innerhalb eines Kommunikationsinstrumentes (Regressionskoeffizient = 0,15), die sich jeweils positiv auf den Integrationsgrad auswirken.

5.4.7 Einfluss der Integrationsformen auf den Integrationserfolg

Die Erfolgswirksamkeit verschiedener Integrationsformen und ihrer Ausprägungen wurde teilweise bestätigt. Lediglich für die formale Integration konnten keine Effekte auf den Integrationserfolg ermittelt werden. Die **inhaltliche Integration** weist sowohl Effekte auf den Markt- als auch den ökonomischen Integrationserfolg auf. So führt die Verwendung gleicher Argumente bei verschiedenen Kommunikationsinstrumenten zur Vermittlung einer inhaltlichen Botschaft zu einem Anstieg des Gewinns (Regressionskoeffizient = 0,24) und der Kundenbindung (Regressionskoeffizient = 0,26). Ein negativer Effekt auf die Kundenbindung liegt vor, wenn Unternehmen die Vermittlung von Inhalten in einheitlichen Kommunikationsbotschaften vornehmen (Regressionskoeffizient = -0,19).

In Hinblick auf die **zeitliche Integration** sind für alle ihre drei Ausprägungen ausschließlich signifikante Effekte auf den ökonomischen Erfolg festzustellen, eine Beeinflussung der Markterfolgsgrößen findet nicht statt. Sind die einzelnen Kommunikationsmaßnahmen/-mittel innerhalb eines Kommunikationsinstrumentes zeitlich umfassend aufeinander abgestimmt, sorgt dies für eine Steigerung des Umsatzes (Regressionskoeffizient = 0,31). Eine Gewinnsteigerung wird erzielt, wenn der Einsatz verschiedener Kommunikationsinstrumente zeitlich innerhalb einer Planungsperiode aufeinander abgestimmt wird (Regressionskoeffizient = 0,31). Je mehr der Einsatz verschiedener Kommunikationsinstrumente zeitlich über mehrere Planungsperioden hinweg aufeinander abgestimmt wird, desto höher fällt die Steigerung des ROI aus (Regressionskoeffizient = 0,30).

5.5 Barrieren der Umsetzung der Integrierten Kommunikation

In der Praxis ist die Umsetzung der Integrierten Kommunikation mit einigen ungelösten Problemen verbunden. Diese Barrieren treten sowohl in inhaltlich-konzeptioneller, organisatorisch-struktureller als auch in personell-kultureller Hinsicht auf. Im Nachfolgenden wird daher auf die folgenden Aspekte näher eingegangen:

- Barrieren der Integrierten Kommunikation,
- Einflüsse der unternehmensinternen Verantwortungszuordnung auf die Barrieren der Integrierten Kommunikation,
- Einflüsse der Form der Umsetzung der Integrierten Kommunikation auf die Barrieren einer Integrierten Kommunikation,
- Einfluss der Umsetzungsbarrieren auf den Integrationsgrad der Kommunikation.

5.5.1 Barrieren der Integrierten Kommunikation

Die Untersuchungsergebnisse machen sichtbar, dass die Umsetzungsbarrieren der Integrierten Kommunikation in der Praxis zwar vorhanden sind, jedoch eine verhältnismäßig geringe Ausprägung aufweisen, wie Schaubild 39 zu entnehmen ist.

Frage Nr. D 14

Probleme	Mittelwert*	1	2	3	4	5	6	7	8
Mangelndes Konzept der Integrierten Kommunikation.	4,30	11,6	15,2	18,8	13,0	5,1	12,3	10,9	13,0
Unvollständige Einbindung aller Kommunikationsinstrumente.	4,17	10,1	13,8	22,5	13,8	8,7	13,8	8,0	9,4
Mangelnde oder problematische Erfolgskontrolle.	3,21	20,3	29,7	15,2	8,7	10,9	4,3	6,5	4,3
Fehlen von Abstimmungs- und Entscheidungsregeln.	4,17	10,1	15,9	21,0	14,5	4,3	13,8	12,3	8,0
Fehlende Daten zur Beurteilung der Integrierten Kommunikation.	3,62	18,1	16,7	25,4	8,0	8,7	8,7	8,7	5,8
Lückenhaftes Verständnis der Integrierten Kommunikation im mittleren Management.	3,86	10,9	18,1	26,1	10,1	9,4	10,1	10,1	5,1
Fehlende Verankerung der Integrierten Kommunikation in den Unternehmensgrundsätzen/Leitlinien.	4,17	8,7	23,9	13,8	13,0	8,7	11,6	8,0	12,3
Bereichs- bzw. Abteilungsdenken der Mitarbeiter.	3,91	12,3	21,7	19,6	8,0	6,5	15,2	13,0	3,6
Fehlende Einsicht der Mitarbeiter in die Notwendigkeit einer Integrierten Kommunikation.	4,22	8,0	16,7	20,3	11,6	14,5	9,4	11,6	8,0
Informationsüberlastung der Mitarbeiter.	3,78	14,5	18,1	19,6	15,2	7,2	11,6	8,0	5,8
Zeitliche Überlastung der Mitarbeiter.	3,40	18,8	23,2	22,5	8,0	8,0	7,2	6,5	5,8

(Häufigkeiten in Prozent, n = 138)
*Durchschnittswerte einer Skala von 1 = Trifft vollständig zu bis 8 = Trifft nicht zu

Schaubild 39: Barrieren der Integrierten Kommunikation

Als Hauptproblem stellt sich die mangelnde oder problematische Erfolgskontrolle heraus (tendenzielle Zustimmungsrate von 73,9 Prozent). Des Weiteren wird die unvollständige Einbindung aller Kommunikationsinstrumente als **inhaltlich-konzeptionelle** Barriere angesehen, wenngleich sie als nicht so gravierend eingestuft wird (Mittelwert 4,17). Insgesamt stimmen 60,2 Prozent der befragten Unternehmen dem vollständig bis teilweise zu. Ein mangelndes Konzept der Integrierten Kommunikation stufen die befragten Unternehmen dagegen als ein eher weniger zutreffendes inhaltlich-konzeptionelles Umsetzungsproblem ein (Mittelwert 4,3).

Im Bereich der **personell-kulturellen** Barrieren stehen insbesondere ein lückenhaftes Verständnis der Integrierten Kommunikation im mittleren Management (Mittelwert 3,86) und die zeitliche Überlastung der Mitarbeiter (Mittelwert 3,40) einer Umsetzung der Integrierten Kommunikation entgegen. So treten bei 65,2 bzw. 75,5 Prozent der Unternehmen diese Barrieren vollständig bis teilweise vollständig auf.

Weitere zentrale Widerstände liegen in **organisatorisch-struktureller** Hinsicht vor. 68,2 Prozent der Unternehmen sind von fehlenden Daten zur Beurteilung der Integrierten Kommunikation vollständig bis teilweise betroffen und 61,5 Prozent von fehlenden Abstimmungs- und Entscheidungsregeln. Insgesamt wird deutlich, dass den organisatorisch-strukturellen Barrieren im Mittel (Gesamtmittelwert 3,26) die größte Bedeutung zugesprochen wird, gefolgt von den als gleich bedeutsam angesehenen inhaltlich-konzeptionellen (Gesamtmittelwert 3,89) und personell-kulturellen (Gesamtmittelwert 3,89) Widerständen.

Die Gegenüberstellung der Barrieren 2005 und 2013 zeigt, dass die Probleme insgesamt im Mittel an Bedeutung zugenommen haben, die relativen Bedeutungen der einzelnen Barrieren sind jedoch vergleichsweise konstant geblieben.

Barrieren der Umsetzung der Integrierten Kommunikation

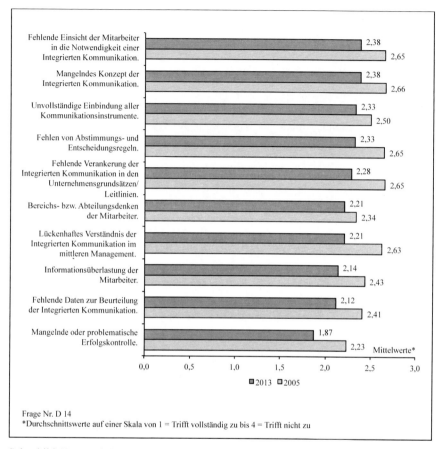

Schaubild 40: Entwicklung der Barrieren gegenüber der Integrierten Kommunikation 2013 und 2005

5.5.2 Einflüsse der unternehmensinternen Verantwortungszuordnung auf die Barrieren der Integrierten Kommunikation

Das Ausmaß des Vorhandenseins verschiedener Barrieren der Integrierten Kommunikation wird von der Verantwortungszuordnung der Planung der Integrierten Kommunikation auf verschiedene Abteilungen bzw. Personen nur vereinzelt beeinflusst.

Signifikante Zusammenhänge lassen sich nur für zwei Barrieren nachweisen. Wird beispielsweise der Vertrieb/Außendienst in die Planung der Integrierten Kommunikation umfassend eingebunden, führt dies zu einer signifikanten Reduktion eines **lückenhaften Verständnisses der Integrierten Kommunikation im mittleren Management** (Regressionskoeffizient = -0,27).

Eine hohe Einbindung des Vertriebs/Außendienstes (Regressionskoeffizient = -0,25) sowie des Online-Marketing (Regressionskoeffizient = -0,26) in die Verantwortung für die Planung der Integrierten Kommunikation beeinflusst die **fehlende Verankerung der Integrierten Kommunikation in den Unternehmensgrundsätzen/Leitlinien** signifikant negativ. Je stärker der Vertrieb/Außendienst in die Planung der Integrierten Kommunikation eingebunden ist, desto geringer fällt daher dieses Problem aus. Positive Effekte auf diese Barriere ergeben sich bei der Übertragung der Planungsverantwortung auf das Produktmanagement (Regressionskoeffizient = 0,25) und die Mediawerbung (Regressionskoeffizient = 0,26).

5.5.3 Einflüsse der Umsetzungsformen auf die Barrieren einer Integrierten Kommunikation

Das Vorhandensein der Barrieren einer Integrierten Kommunikation ist in Abhängigkeit der Form der Umsetzung der Integrierten Kommunikation zu betrachten. Die Vermutung liegt nahe, dass einige Umsetzungsformen sich förderlich auf die Umsetzungsbarrieren auswirken, andere dagegen nachteilig. Die Ergebnisse stützen diese Vermutung teilweise, indem sie aufzeigen, dass die Umsetzung der Integrierten Kommunikation in **abteilungsübergreifender Teamarbeit** (kontinuierlich) das Problem eines mangelnden Konzepts der Integrierten Kommunikation (Regressionskoeffizient = -0,20), Bereichs- bzw. Abteilungsdenken (Regressionskoeffizient = -0,15) sowie fehlende Einsicht der Mitarbeiter in die Notwendigkeit einer Integrierten Kommunikation (Regressionskoeffizient = -0,14) reduzieren.

Erfolgt die Umsetzung der Integrierten Kommunikation in **prozessorientierter Zusammenarbeit**, sind die meisten Barrieren weniger stark ausgeprägt. So reduziert diese Integrationsform die Barriere eines mangelnden Konzepts der Integrierten Kommunikation (Regressionskoeffizient = -0,24), unvollständige Einbindung aller Kommunikationsinstrumente (Regressionskoeffizient = -0,13), mangelnde oder problematische Erfolgskontrolle (Regressionskoeffizient = -0,17), Fehlen von Abstimmungs- und Entscheidungsregeln (Regressionskoeffizient = -0,20), fehlende Daten zur Beurteilung der Integrierten Kommunikation (Regressionskoeffizient = -0,15), fehlende Verankerung der Integrierten Kommunikation in den Unternehmensgrundsätzen/Leitlinien (Regressionskoeffizient = -0,18) und zuletzt das Bereichs- bzw. Abteilungsdenken der Mitarbeiter (Regressionskoeffizient = -0,14).

Realisiert ein Unternehmen die Integrierte Kommunikation **von den einzelnen Abteilungen isoliert**, treten sämtliche Barrieren – ausgenommen der informationellen und zeitlichen Überlastung der Mitarbeiter – verstärkt auf. Die Regressionskoeffizienten reichen von 0,14 bis 0,33. Ein Abbau der Barrieren kann folglich eher erreicht werden, wenn die einzelnen Abteilungen gemeinsam an der Integrierten Kommunikation arbeiten.

Die Ergebnisse unterstreichen die **Überlegenheit der prozessorientierten Zusammenarbeit**. Neben vergleichsweise starken Wirkungen auf eine Verminderung der Umsetzungsbarrieren vermag diese Umsetzungsform mehr Barrieren zu tangieren und zu reduzieren als die anderen beiden Umsetzungsformen.

5.5.4 Einfluss der Umsetzungsbarrieren auf den Integrationsgrad der Kommunikation

Die Auswertungen ergeben nur für zwei Umsetzungsbarrieren gemischte signifikante Ergebnisse. Ist die Barriere eines mangelnden Konzepts der Integrierten Kommunikation der Mitarbeiter (Regressionskoeffizient = 0,31) in einem Unternehmen stark ausgeprägt, bedingt dies, dass die Integrierte Kommunikation noch nicht umfassend im Unternehmen umgesetzt werden kann. Aus diesem Grund ist es zentral, diese Barriere abzubauen, um die Umsetzung der Integrierten Kommunikation weiter vorantreiben zu können. Dagegen wirkt sich ein geringeres Bereichs- bzw. Abteilungsdenken der Mitarbeiter (Regressionskoeffizient = -0,20) förderlich auf den Integrationsgrad der Kommunikation aus.

6 Stellung von Social Media im Rahmen der Integrierten Kommunikation

6.1 Einsatzfelder von Social Media

Aufgrund aktueller Veränderungen auf den Kommunikations- und Medienmärkten ist auch die Integrierte Kommunikation durch das Aufkommen und die zunehmende Relevanz von Social Media betroffen. Diese Entwicklung aufgreifend, wird erstmals seit der Durchführung der Dreiländerstudie zum Entwicklungsstand der Integrierten Kommunikation das Thema Social Media als eigener Fragenblock in den Fragebogen aufgenommen. Von besonderem Interesse ist es herauszufinden, welche **Rolle Social Media im Rahmen der Integrierten Kommunikation** zukommt und welche neuen Möglichkeiten Social Media den Unternehmen für ihre Integrierte Kommunikationsarbeit bieten.[4] Die nachfolgenden Themenfelder sollen darüber Aufschluss geben:

- Einsatzdauer von Social Media,
- Einsatzzwecke von Social Media im Zuge der Integrierten Kommunikation,
- Einsatz von Social Media-Anwendungen im Rahmen der Integrierten Kommunikation,
- Einfluss der Einsatzzwecke von Social Media auf den Einsatz von Social Media-Anwendungen im Rahmen der Integrierten Kommunikation,
- Einfluss der Einsatzzwecke von Social Media auf die Einschätzungen der Herausforderungen der Integrierten Kommunikation,
- Einfluss der Einsatzdauer von Social Media den Einsatz von Social Media-Anwendungen.

---

[4] Insgesamt gaben 31,2 Prozent der befragten Unternehmen an, bisher Social Media nicht in ihren Kommunikationsmix zu integrieren. Die Frage G1 galt als Filterfrage, so dass die Fragen zu Social Media lediglich 68,5 Prozent (das sind 95 Befragte) beantworteten.

6.1.1 Einsatzdauer von Social Media

Wenngleich Social Media ein verhältnismäßig junges Kommunikationsinstrument darstellt, ist aus den Ergebnissen hinsichtlich der Einsatzdauer von Social Media zu konstatieren, dass bereits 68,5 Prozent der befragten Unternehmen Social Media in den Kommunikationsmix einbinden. Von diesen 68,5 Prozent setzt der größte Anteil mit 22,5 Prozent Social Media bereits seit 1-2 Jahren ein, der kleinste Teil (7,2 Prozent) seit mehr als 3 Jahren und 15,9 Prozent seit relativ kurzer Zeit (6-12 Monate). Die Ergebnisse zur Einsatzdauer der Integrierten Kommunikation enthält Schaubild 41.

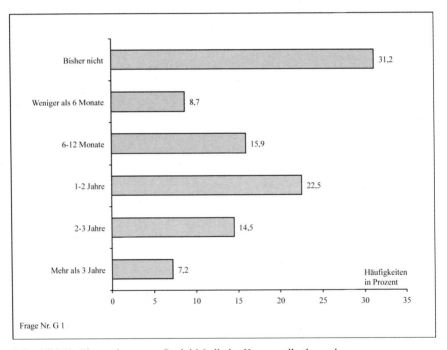

Schaubild 41: Einsatzdauer von Social Media im Kommunikationsmix

6.1.2 Einsatzzwecke von Social Media im Zuge der Integrierten Kommunikation

Die Einsatzzwecke von Social Media innerhalb der Integrierten Kommunikation sind vielfältig. Am wichtigsten ist dabei die **zusätzliche Verbreitung von Botschaften**, wofür 44,2 Prozent der befragten Unternehmen Social Media auch am häufigsten einsetzen. Im Mittel ist auch der Einsatz von **Social Media als eigenständiges Instrument im Rahmen der Integrierten Kommunikation** von relativ hoher Bedeutung. 64,2 Prozent der Unternehmen binden Social Media hierfür sehr stark bis relativ stark in ihre Integrationsarbeit ein. Eine relativ geringe Einbindung erfährt Social Media zur **besseren Koordination von Kommunikationsaufgaben**. 60,0 Prozent der befragten Unternehmen gaben an, dass sie Social Media für diesen Zweck eher nicht bis gar nicht einsetzen. Die anderen Einsatzzwecke sind von mittlerer Bedeutung.

Frage Nr. G 2

Zweck	Mittelwert*	1	2	3	4	5	6	7	8
Zusätzliche Verbreitung von Botschaften.	2,14	44,2	25,3	22,1	2,1	1,1	1,1	1,1	3,2
Bessere Koordination von Kommunikationsaufgaben.	5,36	2,1	9,5	12,6	15,8	8,4	13,7	13,7	24,2
Integration von spezifischen Stakeholdern in die Gestaltung der Integrierten Kommunikation.	4,49	9,5	17,9	15,8	10,5	9,5	9,5	8,4	18,9
Zur direkten Steuerung und Beeinflussung des durch Stakeholder wahrgenommenen Unternehmensbildes.	4,33	7,4	17,9	15,8	16,8	11,6	9,5	8,4	12,6
Ermittlung der Wahrnehmung des Unternehmens aus Sicht der Stakeholder.	4,58	10,5	12,6	16,8	13,7	8,4	8,4	11,6	17,9
Als eigenständiges Instrument im Rahmen der Integrierten Kommunikation.	3,84	13,7	22,1	16,8	11,6	9,5	8,4	11,6	6,3

(Häufigkeiten in Prozent, n = 95)
*Durchschnittswerte einer Skala von 1 = Sehr stark bis 8 = Gar nicht

Schaubild 42: Einsatzzwecke der Social Media Kommunikation im Rahmen der Integrierten Kommunikation

6.1.3 Einsatz von Social Media-Anwendungen im Rahmen der Integrierten Kommunikation

Innerhalb der Integrierten Kommunikation kommen vielfältige Social Media-Anwendungen zum Einsatz. Sehr stark nutzt ein Großteil der befragten Unternehmen **Social Network Sites** (z. B. Facebook). Die tendenzielle Zustimmungsrate liegt bei 80,0 Prozent, bei einem Gesamtmittelwert von 2,83. Sämtliche anderen Anwendungen werden dagegen deutlich weniger stark von den befragten Unternehmen genutzt. Vor allem die Anwendungen Virtual Worlds & Games, Mash-ups und Location-based Services werden so gut wie gar nicht genutzt. So eruieren 77,9 und 74,4 bzw. 67,4 Prozent der befragten Unternehmen, diese Anwendungen gar nicht in ihrer Integrierten Kommunikationsarbeit einzusetzen.

Frage Nr. G 3

Social Media-Anwendung	Mittelwert*	1	2	3	4	5	6	7	8
Wikis	6,03	4,2	8,4	5,3	12,6	7,4	5,3	7,4	49,5
Social Bookmarks	6,48	4,2	8,4	1,1	4,2	6,3	8,4	13,7	53,7
Online Audio & Video (z.B.: Pod- & Vodcasts)	4,62	12,6	21,1	11,6	8,4	4,2	7,4	4,2	30,5
Weblogs	5,82	9,5	8,4	10,5	5,3	4,2	3,2	8,4	50,5
Microblogs (z.B.: Twitter)	4,94	17,9	8,4	12,6	7,4	5,3	7,4	7,4	33,7
Virtual Worlds & Games	7,34	1,1	2,1	1,1	2,1	5,3	6,3	4,2	77,9
Social Network Sites (z.B.: Facebook)	2,83	40,	20,0	12,6	7,4	4,2	4,2	3,2	8,4
Foto & Slidesharing	5,16	11,6	8,4	13,7	11,6	2,1	11,6	8,4	32,6
Mobile Applikationen (z.B.: QR Codes, Apps)	4,64	18,9	8,4	17,9	7,4	6,3	5,3	4,2	31,6
Mash-ups	7,20	2,1	1,1	4,2	4,2	3,2	1,1	9,5	74,7
Location-based Services	6,92	2,1	3,2	4,2	6,3	5,3	1,1	10,5	67,4

(Häufigkeiten in Prozent, n = 95)
*Durchschnittswerte einer Skala von 1 = Sehr stark bis 8 = Gar nicht

Schaubild 43: Social Media-Anwendungen im Rahmen der Integrierten Kommunikation

6.1.4 Einfluss der Einsatzzwecke von Social Media auf den Einsatz von Social Media-Anwendungen im Rahmen der Integrierten Kommunikation

Die Auswertungsergebnisse suggerieren für fast alle Einsatzzwecke von Social Media signifikante Einflüsse auf den Einsatz aller Social Media-Anwendungen. Folglich greifen die befragten Unternehmen – je nachdem, zu welchem Zweck sie Social Media innerhalb ihrer integrierten Kommunikationsaktivitäten einsetzen – auf andere Social Media-Anwendungen zu.

Unternehmen, die Social Media in ihrem Kommunikationsmix zur **zusätzlichen Verbreitung von Botschaften** einsetzen, wenden im Rahmen der Integrierten Kommunikation signifikant stärker Social Network Sites (z. B. Facebook) an (Regressionskoeffizient = 0,46). Eine geringere Anwendung erfahren zu diesem Zweck Mash-ups (Regressionskoeffizient = -0,20).

Setzen Unternehmen Social Media verstärkt zur **besseren Koordination und Kooperation von Kommunikationsaufgaben** ein, erfolgt ein verstärkter Einsatz von Wikis (Regressionskoeffizient = 0,19), Social Bookmarks (Regressionskoeffizient = 0,31), Online Audio & Video (z.B.: Pod- & Vodcasts) (Regressionskoeffizient = 0,59), Virtual Worlds & Games (Regressionskoeffizient = 0,16), Foto & Slidesharing (Regressionskoeffizient = 0,46), Mash-ups (Regressionskoeffizient = 0,14) und Location-based Services (Regressionskoeffizient = 0,27).

Steht die **Integration von spezifischen Stakeholdern in die Gestaltung der Integrierten Kommunikation** im Vordergrund der Einbindung von Social Media in den Kommunikationsmix, bedingt dies einen stärkeren Einsatz von Weblogs (Regressionskoeffizient = 0,38). Hinsichtlich des Einsatzzweckes der **direkten Steuerung und Beeinflussung des durch Stakeholder wahrgenommenen Unternehmensbildes** konnten keine signifikanten Zusammenhänge zu den Social Media-Anwendungen identifiziert werden.

Ein weiterer Bestimmungsfaktor des Einsatzes verschiedener Social Media-Anwendungen im Rahmen der Integrierten Kommunikation ist in der **Ermittlung der Wahrnehmung des Unternehmens aus Sicht der Stakeholder** zu sehen. Je eher die befragten Unternehmen zu diesem Zweck Social Media im Zuge der Integrierten Kommunikation einsetzen, desto stärker nutzen sie Microblogs (z. B.: Twitter) (Regressionskoeffizient = 0,24) und Mobile Applikationen (z. B.: QR Codes, Apps) (Regressionskoeffizient = 0,28). Weniger stark kommen vor dem Hintergrund dieses Zweckes Online Audio & Video (z. B.: Pod- & Vodcasts) zum Einsatz.

Die verstärkte Einbindung von Social Media als **eigenständiges Instrument im Rahmen der Integrierten Kommunikation** wirkt sich positiv auf die Verwendung von Microblogs (z. B.: Twitter) (Regressionskoeffizient = 0,29), Foto & Slidesharing (Regressionskoeffizient = 0,24), Mobile Applikationen (z. B.: QR Codes, Apps) (Regressionskoeffizient = 0,36), Mash-ups (Regressionskoeffizient = 0,21) und Location-based Services (Regressionskoeffizient = 0,30) aus.

6.1.5 Einfluss der Einsatzzwecke von Social Media auf die Herausforderungen der Integrierten Kommunikation

Unternehmen, die verschiedene Zwecke mit dem Einsatz von Social Media im Zuge der Integrierten Kommunikation verfolgen, stehen vor unterschiedlichen Herausforderungen. Hierzu liegen einige signifikante Zusammenhänge vor.

Streben Unternehmen mit dem Einsatz von Social Media verstärkt die **zusätzliche Verbreitung von Botschaften** an, gestaltet sich die Integration von Social Media in den Kommunikationsmix (Regressionskoeffizient = 0,24) als eine zentrale zukünftige Herausforderung der Integrierten Kommunikation.

Der Zweck einer **besseren Koordination von Kommunikationsaufgaben** geht einher mit den Herausforderungen der Integration von Social Media (Regressionskoeffizient = 0,41) und Online-Kommunikation (Regressionskoeffizient = 0,25) in den Kommunikationsmix, der Auswahl von Agenturen, die den Anforderungen der Integrierten Kommunikation im Zeitalter von Social Media & Co. gewachsen sind (Regressionskoeffizient = 0,43), erfolgsbasierten Vergütungssystemen für die Integrierte Kommunikation (Regressionskoeffizient = 0,42) sowie der Integration dezentraler Kommunikation (räumlich oder inhaltlich) (Regressionskoeffizient = 0,21).

Der Einsatz von Social Media zum Zweck der **Ermittlung der Wahrnehmung des Unternehmens aus Sicht der Stakeholder** beeinflusst die Einschätzung der Bedeutung der Integration von Online-Kommunikation in den Kommunikationsmix (Regressionskoeffizient = 0,19), Optimierung der Zusammenarbeit von Marketing und Unternehmenskommunikation (Regressionskoeffizient = 0,29), erfolgsbasierte Vergütungssysteme für die Integrierte Kommunikation (Regressionskoeffizient = 0,24) sowie die Integration von Employer Branding/Employee Branding/Interner Kommunikation (Regressionskoeffizient = 0,28) als Herausforderungen der Integrierten Kommunikation signifikant positiv.

Wird Social Media als **eigenständiges Instrument im Rahmen der Integrierten Kommunikation** eingesetzt, verschärft dies die Herausforderung der Optimierung der Zusammenarbeit von Marketing und Unternehmenskommunikation (Regressionskoeffizient = 0,22).

In Hinblick auf die Herausforderungen im Kontext von Social Media konnten dagegen keine signifikanten Zusammenhänge ermittelt werden.

6.1.6 Einfluss der Einsatzdauer auf den Einsatz von Social Media-Anwendungen

Es wird vermutet, dass Unternehmen, die bereits seit längerer Zeit Social Media in ihren Kommunikationsmix integrieren, andere Social Media-Anwendungen nutzen als diejenigen Unternehmen, die noch am Anfang ihrer Integrationsarbeit mit Social Media stehen. Die Untersuchungen ergeben für einige Anwendungsbereiche signifikante Ergebnisse.

Die Einsatzdauer von Social Media im Kommunikationsmix beeinflusst signifikant positiv die Verwendung von **Social Bookmarks** (Regressionskoeffizient = 0,61; R^2 = 32,6 Prozent), **Online Audio & Video** (z. B.: Pod- & Vodcasts) (Regressionskoeffizient = 0,95; R^2 = 41,1 Prozent), **Weblogs** (Regressionskoeffizient = 0,60; R^2 = 26,6 Prozent), **Virtual Worlds & Games** (Regressionskoeffizient = 0,47; R^2 = 37,0 Prozent), **Social Network Sites** (z. B.: Facebook) (Regressionskoeffizient = 0,40; R^2 = 21,0 Prozent), **Foto & Slidesharing** (Regressionskoeffizient = 0,73; R^2 = 33,2 Prozent), **Mobile Applikationen** (z. B.: QR Codes, Apps) (Regressionskoeffizient = 0,66; R^2 = 28,3 Prozent), Mash-ups (Regressionskoeffizient = 0,26; R^2 = 18,4 Prozent) sowie Location-based Services (Regressionskoeffizient = 0,33; R^2 = 20,4 Prozent) im Rahmen der Integrierten Kommunikation. Lediglich für Wikis erwies sich der Einfluss der Einsatzdauer von Social Media als nicht signifikant. Je länger Unternehmen Social Media in ihrer Kommunikationsarbeit einsetzten, desto stärker kommen die aufgeführten Anwendungen zum Einsatz.

6.2 Bedeutung von Social Media im Rahmen der Integrierten Kommunikation

Wie die Ergebnisse in Abschnitt 6.1.1 gezeigt haben, wird Social Media lediglich von 68,5 Prozent der befragten Unternehmen im Rahmen der Integrierten Kommunikation eingesetzt. Über die Bedeutung von Social Media innerhalb der Integrierten Kommunikation konnten noch keine Aussagen getroffen werden. Hierfür werden die nachfolgenden Inhalte untersucht:

- Stellenwert von Social Media,

- Integrationsausmaß von Social Media,

- Einfluss der Einsatzdauer von Social Media auf das Integrationsausmaß von Social Media,

- Einfluss des Integrationsausmaßes von Social Media auf den Erfolg der Integrierten Kommunikation.

Bedeutung von Social Media im Rahmen der Integrierten Kommunikation

6.2.1 Stellenwert von Social Media

Social Media sind ein verhältnismäßig junges Kommunikationsinstrument, welches in der Vergangenheit von relativ wenigen Unternehmen in ihren Kommunikationsmix integriert wurde. In den letzten Jahren zeigt sich jedoch, dass Social Media zunehmend an Bedeutung gewonnen hat. Heute schreiben bereits 43,1 Prozent der befragten Unternehmen Social Media einen relativ hohen Stellenwert zu, immerhin 16,8 Prozent sogar einen sehr hohen. Lediglich für 13,7 Prozent ist der Stellenwert von Social Media sehr gering und für 26,3 Prozent eher gering. Einen Einblick in die Ergebnisse zum **Stellenwert von Social Media** im Rahmend der Integrierten Kommunikation gewährt Schaubild 44.

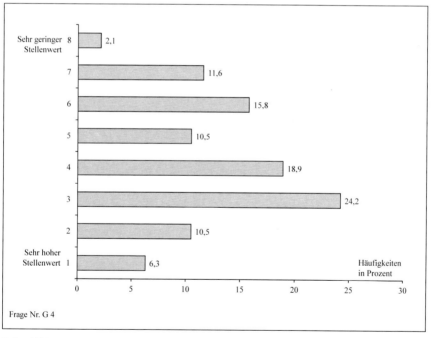

Schaubild 44: Stellenwert von Social Media im Rahmen der Integrierten Kommunikation

Ein Test auf branchenspezifische Unterschiede hinsichtlich des Stellenwerts von Social Media lieferte keine signifikanten Ergebnisse.

6.2.2 Integrationsausmaß von Social Media

Die Auswertung macht deutlich, dass die befragten Unternehmen Social Media in sehr unterschiedlichem Maße in ihren Kommunikationsmix integrieren, ohne klar erkennbaren Trend hin zu einem hohen oder tiefen Integrationsausmaß (etwa die Hälfte der befragten Unternehmen weist einen tiefen bis eher tiefen Integrationsgrad auf, die andere Hälfte einen hohen bis eher hohen). Geben 27,4 Prozent der befragten Unternehmen an, Social Media bereits umfassend in den Kommunikationsmix zu integrieren, liegt nur bei 12,6 Prozent der Befragten fast überhaupt kein Integrationsmaß vor. 25,3 Prozent verfügen bereits über ein relativ hohes Integrationsausmaß, wohingegen 34,7 Prozent Social Media eher in geringem Maße in ihren Kommunikationsmix integrieren. Schaubild 45 verdeutlicht die Ausführungen.

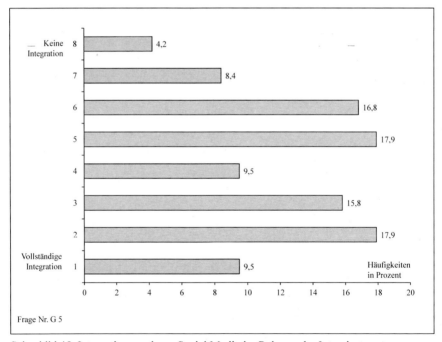

Schaubild 45: Integrationsgrad von Social Media im Rahmen der Integrierten Kommunikation

Der Integrationsgrad von Social Media weist, wie bereits der Stellenwert, keine signifikanten branchenspezifischen Unterschiede auf.

6.2.3 Einfluss des Stellenwerts auf den Integrationsgrad von Social Media

Der Integrationsgrad von Social Media hängt ganz wesentlich vom Stellenwert, den die befragten Unternehmen Social Media beimessen, ab. Folglich integrieren Unternehmen Social Media umso mehr in ihren Kommunikationsmix, je bedeutsamer für sie Social Media im Rahmen ihrer Integrierten Kommunikationsarbeit ist (Regressionskoeffizient = 0,75; R^2 = 68,8). Die Ergebnisse lassen den Schluss zu, dass der Stellenwert ein wesentlicher Einflussfaktor des Ausmaßes der Integration von Social Media in den Kommunikationsmix ist.

6.2.4 Einfluss der Einsatzdauer von Social Media auf das Integrationsausmaß von Social Media

Es konnte empirisch bestätigt werden, dass die Einsatzdauer von Social Media das Ausmaß der Integration von Social Media in den Kommunikationsmix signifikant positiv beeinflusst. Unternehmen, die bereits seit längerer Zeit Social Media in ihrem Kommunikationsmix einsetzen, integrieren Social Media auch bereits umfassender (Regressionskoeffizient = 0,48; R^2 = 28,0 Prozent).

6.2.5 Einfluss des Integrationsausmaßes von Social Media auf den Erfolg der Integrierten Kommunikation

Das Integrationsmaß von Social Media ist nur bedingt direkt für den Erfolg der Integrierten Kommunikation verantwortlich. So ergaben die Analysen nur einen signifikanten Einfluss auf die **Zufriedenheit** (Regressionskoeffizient = 0,14; R^2 = 26,0 Prozent), nicht jedoch auf die anderen Erfolgsgrößen, wie beispielsweise Kundenbindung, Umsatz und Gewinn.

6.3 Herausforderungen bei der Integration von Social Media in den Kommunikationsmix

Trotz der vielzähligen Potenziale, die die Integration von Social Media in den Kommunikationsmix mit sich bringt, wie beispielsweise die zusätzliche Verbreitung von Botschaften sowie die Integrations- und Interaktionsmöglichkeiten zum Meinungs- und Erfahrungsaustausch, sind damit einige Herausforderungen in der Unternehmenspraxis verbunden. Unternehmen stehen vor der schwierigen Aufgabe, sich den inhaltlichen, organisatorischen und personellen Herausforderungen der Integration von Social Media in den Kommunikationsmix zu stellen. Die nachfolgenden Analysen dieser Herausforderungen dienen einem besseren Verständnis aktueller Problemfelder bei der Integration von Social Media. Folgende Aspekte werden hierbei genauer analysiert:

- Inhaltliche Herausforderungen,
- Organisatorische Herausforderungen,
- Personelle Herausforderungen.

6.3.1 Inhaltliche Herausforderungen der Integration von Social Media in den Kommunikationsmix

Die inhaltlichen Herausforderungen der Integration von Social Media in den Kommunikationsmix umfassen Aspekte der Botschaftsgestaltung und ihrer Kontrollmöglichkeiten. Besonders herausfordernd für die befragten Unternehmen ist der Aspekt der **Professionalisierung des Einsatzes von Social Media für die Unternehmens-/Marketingkommunikation** (Mittelwert 2,55). Dem stimmen 88,4 Prozent der befragten Unternehmen vollständig bis teilweise zu. Die **Auswahl passender eigener Social Media-Botschaften im Rahmen der Integrierten Kommunikation** sehen 83,2 Prozent der befragten Unternehmen als eine sehr bedeutende bis bedeutende Herausforderung an (Mittelwert 2,95). Ein ähnliches Bild ergibt sich für die Herausforderung des **Umgangs mit der Themen- und Meinungsvielfalt in Social Media**. Hier stimmen 81,1 Prozent der Befrag-

Herausforderungen bei der Integration von Social Media in den Kommunikationsmix 97

ten zu bis eher zu, dass es sich hierbei um eine bedeutende Herausforderung der Integration von Social Media in den Kommunikationsmix handelt (Mittelwert 2,96). Weniger als bedeutsame Herausforderung wird dagegen die **Entwicklung von Richtlinien zur Integration von Social Media in den Kommunikationsmix** eingeschätzt. Schaubild 46 gibt die Ergebnisse in einer tabellarischen Übersicht wieder.

Frage Nr. G 6

Inhaltliche Herausforderungen	Mittelwert*	1	2	3	4	5	6	7	8
Auswahl passender eigener Social Media-Botschaften im Rahmen der Integrierten Kommunikation.	2,95	17,9	29,5	25,3	10,5	6,3	5,3	5,3	0,0
Beschränkte Kontrollmöglichkeiten von Social Media Kommunikation.	3,19	22,1	27,4	16,8	7,4	10,5	4,2	8,4	3,2
Entwicklung von Richtlinien zur Integration von Social Media in den Kommunikationsmix.	3,63	8,4	24,2	24,2	16,8	9,5	3,2	9,5	4,2
Professionalisierung des Einsatzes von Social Media für die Unternehmens-/Marketingkommunikation.	2,55	27,4	34,7	20,0	6,3	4,2	3,2	1,1	3,2
Umgang mit Themen- und Meinungsvielfalt in Social Media.	2,96	25,3	27,4	16,8	11,6	6,3	4,2	5,3	3,2

(Häufigkeiten in Prozent, n = 95)
*Durchschnittswerte einer Skala von 1 = Sehr große Bedeutung bis 8 = Keine Bedeutung

Schaubild 46: Inhaltliche Herausforderungen bei der Integration von Social Media

6.3.2 Organisatorische Herausforderungen der Integration von Social Media in den Kommunikationsmix

In organisatorischer Hinsicht bestehen ebenfalls zentrale Herausforderungen der Integration von Social Media in den Kommunikationsmix. Sie betreffen die für eine Integration von Social Media notwendige Ausgestaltung der Organisationsstruktur im Unternehmen. Es stellt sich heraus, dass der **bereichsübergreifende Informationsaustausch und Zusammenarbeit im Umgang mit Social Media** eine bedeutende Herausforderung darstellt (Mittelwert 3,0), was die Meinung von 80,1 Prozent der befragten Unternehmen vollständig bis teilweise widerspiegelt. Relativ gesehen sind die anderen aufgeführten Herausforderungen von geringerer Bedeutung, werden jedoch jeweils noch von mehr als 60 Prozent der befragen Unternehmen als sehr bis eher sehr bedeutsam eingestuft. Schaubild 47 fasst die Ergebnisse zusammen.

Frage Nr. G 7

Organisatorische Herausforderungen	Mittelwert*	1	2	3	4	5	6	7	8
Klärung von Zuständigkeiten und Verantwortlichkeiten für Social Media im Unternehmen.	3,46	29,5	11,6	16,8	11,6	7,4	7,4	10,5	5,3
Schaffung von Schnittstellen zwischen Bereichen im Umgang mit Social Media.	3,34	26,3	16,8	17,9	14,7	3,2	7,4	8,4	5,3
Bereichsübergreifender Informationsaustausch und Zusammenarbeit im Umgang mit Social Media.	3,00	27,4	27,4	11,6	13,7	4,2	6,3	6,3	3,2

(Häufigkeiten in Prozent, n = 95)
*Durchschnittswerte einer Skala von 1 = Sehr große Bedeutung bis 8 = Keine Bedeutung

Schaubild 47: Organisatorische Herausforderungen bei der Integration von Social Media

6.3.3 Personelle Herausforderungen der Integration von Social Media in den Kommunikationsmix

Neben den inhaltlichen und organisatorischen Herausforderungen spielen die personellen Herausforderungen ebenfalls eine zentrale Rolle bei der Integration von Social Media in den Kommunikationsmix. Die **Förderung des regelmäßigen Informationsaustausches zwischen Verantwortlichen für Social Media und anderen Kommunikationsinstrumenten** kristallisiert sich als die zentrale personelle Herausforderung der Integration von Social Media in den Kommunikationsmix heraus (Mittelwert 3,09). Es gaben 77,9 Prozent an, dass für sie diese Herausforderung sehr bis eher sehr bedeutsam ist. Als etwas weniger relevant stellte sich die **Förderung der Bereitschaft zur Zusammenarbeit zwischen Verantwortlichen für Social Media und anderen Kommunikationsinstrumenten** heraus (Mittelwert 3,40).

Relativ gesehen gleichen die personellen Barrieren in Bezug auf ihre Bedeutung fast den organisatorischen Herausforderungen (Gesamtmittelwerte 3,21 bzw. 3,26). Lediglich die inhaltlichen Herausforderungen scheinen für die befragten Unternehmen im Mittel von marginal größerer Relevanz zu sein (Gesamtmittelwert 3,05). Die Ergebnisse sind in Schaubild 48 dargestellt.

Frage Nr. G 8

Personelle Herausforderungen	Mittelwert*	1	2	3	4	5	6	7	8
Klare Regelung der Abstimmung zwischen Verantwortlichen für Social Media und andere Kommunikationsinstrumente.	3,16	25,3	29,5	13,7	4,2	6,3	9,5	7,4	4,2
Förderung der Bereitschaft zur Zusammenarbeit zwischen Verantwortlichen für Social Media und andere Kommunikationsinstrumente.	3,40	17,9	30,5	13,7	8,4	10,5	5,3	7,4	6,3
Förderung des regelmäßigen Informationsaustausches zwischen Verantwortlichen für Social Media und andere Kommunikationsinstrumente.	3,09	25,3	27,4	14,7	10,5	6,3	4,2	6,3	5,3

(Häufigkeiten in Prozent, n = 95)
*Durchschnittswerte einer Skala von 1 = Sehr große Bedeutung bis 8 = Keine Bedeutung

Schaubild 48: Personelle Herausforderung bei der Integration von Social Media

6.4 Verantwortungszuordnung der Social Media-Kommunikation

Nicht selten sind an der Social Media-Kommunikation mehrere Unternehmensbereiche beteiligt. Folglich ist es notwendig festzulegen, welche Abteilungen/Personen dies im Einzelnen sind. Dieser Abschnitt unterzieht verschiedene Aspekte dieser Thematik einer näheren Betrachtung:

- Verantwortungszuordnung der Social Media-Kommunikation,
- Einfluss der Verantwortungszuordnung auf den Stellenwert von Social Media im Rahmen der Integrierten Kommunikation,
- Einfluss der Verantwortungszuordnung auf das Integrationsausmaß von Social Media im Rahmen der Integrierten Kommunikation.

6.4.1 Verantwortungszuordnung der Social Media-Kommunikation

Die Auswertung legt dar, dass ca. ein Viertel der befragten Unternehmen über eine **eigene Social Media-Abteilung** verfügt. Von denen stimmen 52,6 Prozent zu, dass diese Abteilung intensiv bei der Social Media-Kommunikation mitwirkt. Ebenfalls werden die Marketing-Kommunikation und ein Kommunikationsmanager häufig intensiv eingebunden. Die Geschäfts-/Unternehmensleitung, Vertrieb/Außendienst, Personal/Human Resource, Technik/IT und Qualitätsmanagement sind dagegen nur geringfügig an der Social Media-Kommunikation beteiligt. Schaubild 49 veranschaulicht die Ergebnisse der Verantwortungszuordnung der Social Media-Kommunikation.

Verantwortungszuordnung der Social Media-Kommunikation

Frage Nr. G 9

Unternehmensbereich	Mittelwert*	1	2	3	4	5	6	7	8	Nicht vorhanden
Geschäfts-/Unternehmensleitung	4,67	16,8	5,3	11,6	10,5	4,20	7,4	13,7	25,3	5,3
Marketing	2,41	33,7	9,5	11,6	5,3	7,4	10,5	1,1	3,2	17,9
Marketing-Kommunikation	1,87	42,1	13,7	11,6	3,2	5,3	3,2	0,0	3,2	17,9
PR/Öffentlichkeitsarbeit	2,35	42,1	14,7	11,6	4,2	4,2	5,3	0,0	7,4	10,5
Vertrieb/Außendienst	4,29	2,1	4,2	3,2	5,3	9,5	5,3	10,5	29,5	30,5
Kommunikationsmanager	1,68	33,7	9,5	12,6	1,1	2,1	1,1	2,1	5,3	32,6
Markenmanagement	2,63	12,6	2,1	7,4	4,2	7,4	6,3	2,1	14,7	43,2
Produktmanagement	3,57	5,3	6,3	4,2	11,6	6,3	11,6	6,3	16,8	31,6
Mediawerbung	3,18	6,3	7,4	6,3	5,3	8,4	6,3	8,4	14,7	36,8
Direct-Marketing	3,28	5,3	5,3	6,3	2,1	8,4	6,3	5,3	21,1	40,0
Event-Marketing	3,31	7,4	6,3	4,2	7,4	7,4	4,2	12,6	14,7	35,8
Sponsoring	2,96	7,4	9,5	4,2	6,3	4,2	4,2	8,4	15,8	40,0
Online-Marketing	2,32	27,4	8,4	10,5	6,3	1,1	3,2	3,2	10,5	29,5
Social Media	1,51	52,6	7,4	2,1	3,2	0,0	1,1	1,1	6,3	26,3
Kundenbindungsmanagement/CRM	3,94	4,2	6,3	9,5	3,2	9,5	4,2	6,3	27,4	29,5
Externe Kommunikationsagentur	3,35	3,2	13,7	6,3	7,4	6,3	3,2	5,3	21,1	33,7
Personal/Human Resource	4,26	4,2	7,4	8,4	6,3	4,2	7,4	11,6	26,3	24,2
Technik/IT	4,44	2,1	7,4	5,3	13,7	7,4	6,3	12,6	24,2	21,1
Qualitätsmanagement	4,29	3,2	2,1	4,2	3,2	2,1	5,3	7,4	37,9	34,7
Interne Kommunikation	3,69	15,8	8,4	8,4	8,4	3,2	8,4	7,4	20,0	20,0

(Häufigkeiten in Prozent, n = 95)
*Durchschnittswerte einer Skala von =1 Intensiv beteiligt bis 8 = Nicht beteiligt

Schaubild 49: Verantwortungszuordnung der Social Media-Kommunikation

6.4.2 Einfluss der Verantwortungszuordnung auf den Stellenwert von Social Media im Rahmen der Integrierten Kommunikation

Die Ergebnisse bekräftigen existierende Zusammenhänge zwischen der Verantwortungszuordnung und dem Stellenwert der Social Media im Rahmen der Integrierten Kommunikation. Sind die **Marketing-Kommunikation** (Regressionskoeffizient = 0,25), **PR/Öffentlichkeitsarbeit** (Regressionskoeffizient = 0,29) und **Interne Kommunikation** (Regressionskoeffizient = 0,16) in hohem Maße an der Social Media-Kommunikation beteiligt, wird Social Media ein signifikant höherer Stellenwert beigemessen. Für die anderen Unternehmensbereiche bestehen keine signifikanten Zusammenhänge.

6.4.3 Einfluss der Verantwortungszuordnung auf das Integrationsausmaß von Social Media

Zwischen der Verantwortungszuordnung und dem Integrationsausmaß von Social Media im Rahmen der Integrierten Kommunikation bestehen signifikante Zusammenhänge. Das Integrationsausmaß hängt folglich wesentlich davon ab, welche Unternehmensbereiche an der Social Media-Kommunikation umfassend beteiligt sind. So führt eine hohe Einbindung der **PR/Öffentlichkeitsarbeit** (Regressionskoeffizient = 0,21) sowie eines **Kommunikationsmanagers** (Regressionskoeffizient = 0,36) an der Social Media-Kommunikation dazu, dass Social Media umfassender in den Kommunikationsmix integriert wird. Eine Verminderung des Integrationsausmaßes wird erzielt, wenn das **Markenmanagement** (Regressionskoeffizient = -0,25) bei der Social Media-Kommunikation intensiv mitwirkt.

6.5 Sicherstellung von Konsistenz im Rahmen der Social Media-Kommunikation

Unternehmen haben verschiedene innerbetriebliche Möglichkeiten, die Konsistenz im Rahmen der Social Media-Kommunikation sicherzustellen. Welche dieser Maßnahmen in der Praxis bereits Anwendung finden, wird in diesem Abschnitt anhand der folgenden Inhalte überprüft:

- Sicherstellung von Konsistenz im Rahmen der Social Media-Kommuni-kation,
- Einfluss der Planungsverantwortung auf die Sicherstellung von Konsistenz im Rahmen der Social Media-Kommunikation,
- Einfluss der Sicherstellung einer konsistenten Social Media-Kommuni-kation auf das Integrationsausmaß.

6.5.1 Sicherstellung von Konsistenz im Rahmen der Social Media-Kommunikation

Einige Möglichkeiten zur Sicherstellung einer konsistenten Social Media-Kommunikation sind in Schaubild 50 aufgeführt. Insgesamt lässt sich zusammenfassen, dass die meisten der befragten Unternehmen die Konsistenz der Social Media-Kommunikation über die Übertragung der **Verantwortung für Social Media an eine Stelle/Abteilungen** gewährleisten (tendenzielle Zustimmungsrate von 81,1 Prozent). Ebenfalls von eher größerer Bedeutung sind die Bündelung aller Kommunikationsverantwortung bei einer übergeordneten Stelle/Abteilung und der regelmäßige, abteilungsübergreifende Austausch zu Social Media-Aktivitäten.

Am wenigsten wird die Konsistenz der Social Media-Kommunikation von den befragten Unternehmen mithilfe einer **Abstimmung durch eine betreuende Kommunikationsagentur** erzielt. Diese Maßnahme ergreifen lediglich 5,30

Prozent der befragten Unternehmen vollständig, dafür 51,6 Prozent gar nicht. Auch eine **frühzeitige Einbeziehung von Stakeholdern in Konzeption und Inhalte** erfolgt eher weniger.

Frage Nr. G 10

Konsistente Kommunikation	Mittelwert*	1	2	3	4	5	6	7	8
Bündelung aller Kommunikationsverantwortung bei einer übergeordneten Stelle/Abteilung.	3,22	33,7	21,1	10,5	8,4	4,2	6,3	4,2	11,6
Verantwortung für Social Media liegt bei einer Stelle/Abteilung.	2,63	47,4	20,0	9,5	4,2	5,3	1,1	3,2	9,5
Regelmäßiger, abteilungsübergreifender Austausch zu Social Media Aktivitäten.	3,62	15,8	22,1	25,3	9,5	3,2	7,4	6,3	10,5
Verbindlicher Prozess zur Entwicklung von Kommunikationsinhalten für sämtliche Kommunikationsinstrumente.	4,12	11,6	20,0	16,8	12,6	5,3	14,7	7,4	11,6
Abstimmung durch betreuende Kommunikationsagentur.	6,03	5,3	7,4	7,4	11,6	5,3	5,3	6,3	51,6
Frühzeitige Einbeziehung von Stakeholdern in Konzeption und Inhalte.	4,95	2,1	14,7	18,9	10,5	12,6	8,4	10,5	22,1

(Häufigkeiten in Prozent, n = 95)
*Durchschnittswerte einer Skala von =1 Trifft vollständig zu bis 8 = Trifft nicht zu

Schaubild 50: Sicherstellung einer konsistenten Social Media-Kommunikation

6.5.2 Einfluss der Planungsverantwortung auf die Sicherstellung von Konsistenz im Rahmen der Social Media-Kommunikation

Die Ergebnisse stützen die Annahme, dass die jeweilige Planungsverantwortung als Bestimmungsfaktor des Einsatzes verschiedener Maßnahmen zur Sicherstellung von Konsistenz im Rahmen der Social Media-Kommunikation fungiert. Ist der Kommunikationsmanager an der Social Media-Kommunikation beteiligt, fördert dies die Sicherstellung der Konsistenz über die **Bündelung aller Kommunikationsverantwortung bei einer übergeordneten Stelle/Abteilung** (Regressionskoeffizient = 0,32). Wirken dagegen das Marketing (Regressionskoeffizient = -0,24) und Markenmanagement (Regressionskoeffizient = -0,23) an der Social Media-Kommunikation mit, stellen die Unternehmen ihre Konsistenz weniger über diese Maßnahme sicher.

Zur Sicherstellung der Konsistenz der Social Media-Kommunikation werden die **Stakeholder frühzeitig in Konzeption und Inhalte einbezogen**, wenn die PR/Öffentlichkeitsarbeit (Regressionskoeffizient = 0,23) und die interne Kommunikation (Regressionskoeffizient = 0,42) verstärkt an der Social Media-Kommunikation beteiligt sind. Negativ wirkt sich auf diese Maßnahme die Höhe der Einbindung der Personal/Human Resource-Abteilung aus (Regressionskoeffizient = -0,24).

6.5.3 Einfluss der Sicherstellung einer konsistenten Social Media-Kommunikation auf das Integrationsausmaß

Die Analyse, ob die verschiedenen Maßnahmen zur Sicherstellung einer konsistenten Social Media-Kommunikation das Integrationsausmaß beeinflussen, zeigt signifikante Ergebnisse. Zur Erhöhung des Integrationsausmaßes sind insbesondere die **Integration von spezifischen Stakeholdern in die Gestaltung der Integrierten Kommunikation** (Regressionskoeffizient = 0,18) und der Einsatz von Social Media als **eigenständiges Instrument im Rahmen der Integrierten Kommunikation** (Regressionskoeffizient = 0,36) geeignet. Wird Social Media dagegen als Kommunikationsinstrument zur **direkten Steuerung und Beeinflussung des durch Stakeholder wahrgenommenen Unternehmensbildes** eingesetzt (Regressionskoeffizient = -0,17), wirkt sich dies integrationshemmend aus.

7 Erfolgsmessung der Integrierten Kommunikation

Neben der Planung und Umsetzung bildet die Kontrolle einen integrativen Bestandteil des Managementprozesses der Integrierten Kommunikation. Sie beinhaltet eine permanente und systematische **Überprüfung und Beurteilung der kommunikationspolitischen Maßnahmen** hinsichtlich ihres Beitrags zur Lösung kommunikativer Problemstellungen und Erreichung der gesetzten kommunikativen Ziele. Darüber hinaus prüft sie, welche kommunikativen Maßnahmen in welchem Umfang zum Kommunikationserfolg beigetragen haben und ob die Ausgestaltung des integrierten Kommunikationsmix effektiv und effizient war. Dadurch lassen sich Schwachstellen in der Planung und Umsetzung der Integrierten Kommunikationspolitik aufdecken und Entscheidungshilfen zur Optimierung der Integrierten Kommunikation ableiten (vgl. Bruhn 2009, S. 361). Diese Aspekte aufgreifend, widmet sich dieser Abschnitt folgenden Themenbereichen:

- Instrumente zur Messung des Kommunikationserfolgs im Rahmen der Integrierten Kommunikation,
- Kennzahlen zur Steuerung der Integrierten Kommunikation,
- Instrumente des Kommunikationscontrollings im Rahmen der Integrierten Kommunikation,
- Ebenen der Erfolgsmessung,
- Erfassung von Synergien

7.1 Instrumente zur Messung des integrierten Kommunikationserfolgs

Die Ergebnisse in Schaubild 51 geben einen Überblick über die aktuelle Durchführung von Instrumenten zur Messung des Kommunikationserfolgs im Kontext der Integrierten Kommunikation. Es wird deutlich, dass die meisten Unternehmen eine Vielzahl unterschiedlicher Instrumente einsetzen, lediglich 5,1 Prozent der befragten Unternehmen gaben an, keine Instrumente zur Messung des Kommunikationserfolgs zu nutzen. Mehrheitlich finden Kunden- und Mitarbeiterbefragungen, Auswertung von Presseberichten sowie Markt- und Meinungsforschung Anwendung. Von geringerer Bedeutung sind dagegen die Einzelexplorationen und die Recall-/Recognitiontests.

Frage Nr. E 1

Kontrollmechanismen	Instrumenteeinsatz vorhanden
Kundenbefragungen	68,8
Markt- und Meinungsforschung	57,2
Mitarbeiterbefragungen	63,8
Außendienstberichte	37,7
Auswertung von Presseberichten	65,2
Auswertung von Mediawerten	45,7
Recall-/Recognitiontests	21,0
Einzelexplorationen	11,6
Keine	5,1

(Häufigkeiten in Prozent, n = 138)

Schaubild 51: Einsatz verschiedener Instrumente zur Messung des Kommunikationserfolgs

Eine vergleichende Analyse des Einsatzes verschiedener Instrumente zur Messung des Kommunikationserfolgs 2013 und 2005 liefert interessante und deutliche Verschiebungen. Einzelexplorationen und Recall-/Recog-nitiontests werden 2013 von deutlich weniger der befragten Unternehmen eingesetzt, Mitarbeiter- und Kundenbefragungen sowie Markt- und Meinungsforschung kommen dagegen verstärkter bei den befragten Unternehmen zum Einsatz als noch 2005. Lediglich hinsichtlich der Auswertung von Mediawerten fallen diese Veränderungen relativ moderat aus. Einzig und allein der Einsatz des Außendiensts ist relativ konstant geblieben. Schaubild 52 stellt die Ergebnisse zur **Entwicklung des Einsatzes von Verfahren im Rahmen der Erfolgskontrolle der Integrierten Kommunikation** zwischen 2005 und 2013 grafisch gegenüber.

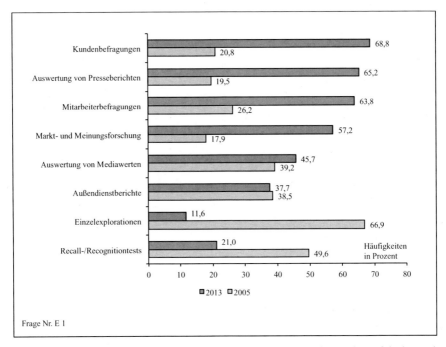

Schaubild 52: Entwicklungen des Einsatzes von Verfahren im Rahmen der Erfolgskontrolle der Integrierten Kommunikation 2013 und 2005

7.2 Kennzahlen zur Steuerung der Integrierten Kommunikation

Die befragten Unternehmen setzen neben den Instrumenten zur Messung des Kommunikationserfolgs ein umfassendes Kennzahlensystem im Rahmen ihres Integrierten Kommunikationscontrollings ein. Insgesamt wird der Marktanteil am meisten von den befragten Unternehmen zur Steuerung der Integrierten Kommunikation eingesetzt, gefolgt von der Kundenbindung. Nebensächlicher sind der Return on Communication, der Markenwert sowie die Recall- und Recognition-Werte. Etwa ein Viertel der befragten Unternehmen verwendet keine Kennzahlen zur Steuerung der Integrierten Kommunikation. Schaubild 53 gibt die Häufigkeiten in Prozent wieder.

Frage Nr. E 2

Kennzahlen	Kennzahlen vorhanden
Return on Communication	20,3
Marktanteil	50,0
Markenwert	26,8
Kundenbindung	40,6
Recall-Werte	28,3
Recognition-Werte	28,3
Keine	24,6

(Häufigkeiten in Prozent, n = 138)

Schaubild 53: Einsatz von Kennzahlen zur Steuerung der Integrierten Kommunikation

7.3 Instrumente des integrierten Kommunikationscontrollings

Die Auswertungsergebnisse zeigen, dass sich bisher lediglich 20,3 Prozent der befragten Unternehmen Instrumenten des Kommunikationscontrollings bedienen. Die von ihnen eingesetzten Instrumente umfassen Marktforschung und

Statistiken, Auswertungen von Onlineaktivitäten, Formen der Mediaanalyse sowie Kennzahlen der unternehmens- und kampagnenbezogenen Erfolgsmessung. Hinzu kommen auf Kostenseite Return-on-Investment-bezogene Kennzahlen und das Budgetcontrolling.

Insgesamt haben zwar 26,1 Prozent haben zwar bisher keine solchen Instrumente eingesetzt, planen dies aber zukünftig zu tun. Mehr als die Hälfte der befragten Unternehmen setzen dagegen keine Instrumente des Kommunikationscontrollings ein. Schaubild 54 enthält die Angaben der Umfrageteilnehmer zum **Einsatz von Instrumenten des Kommunikationscontrollings**.

Frage Nr. E 4

Ja	Nein	Nein, aber geplant
20,3	53,6	26,1

(Häufigkeiten in Prozent, n = 138)

Schaubild 54: Einsatz von Instrumenten des Kommunikationscontrollings

7.4 Ebenen der Erfolgsmessung

Es lassen sich insgesamt fünf verschiedene **Ebenen des Integrierten Kommunikationscontrollings** unterscheiden. Um der Integrierten Kommunikation gerecht zu werden, ist neben der Erfolgsmessung einzelner Instrumente die Erfassung des Erfolgsbeitrags des gemeinsamen Einsatzes mehrerer Instrumente von besonderer Relevanz. Der Erfolgsbeitrag kann durch die Erfolgsmessung von Verbundeffekten mehrerer Instrumente sowie auf Kampagnen-, Markt- und Unternehmensebene ermittelt werden. Ein Blick in die Unternehmenspraxis zeigt jedoch, dass die meisten Unternehmen den Erfolg ihrer Kommunikationsmaßnahmen auf **Einzelinstrumentenebene** erfassen und damit ihr Kommunikationscontrolling weniger im Sinne der Integrierten Kommunikation ausrichten.

Des Weiteren nehmen mehr als die Hälfte der befragten Unternehmen die Überprüfung des Erfolgs ihrer Kommunikationsmaßnahmen auf **Kampagnenebene** vor, auf **Markt- und Unternehmensebene** sind es lediglich 34,1 bzw. 37,0 Prozent. Eine Nebenrolle spielt die **Erfolgsmessung von Verbundeffekten mehrerer Instrumente**. Bei lediglich 11,6 Prozent der Unternehmen erfolgt **keine Erfassung** des Erfolgs ihrer Kommunikationsmaßnahmen. Schaubild 55 zeigt eine Übersicht über die Erfassungsebenen des Erfolgs von Kommunikationsmaßnahmen.

Frage Nr. E 5

Ebene	Häufigkeiten in Prozent
Keine Erfassung	11,6
Erfolgsmessung für einzelne Instrumente	60,1
Erfolgsmessung von Verbundeffekten mehrerer Instrumente	20,3
Erfolgsmessung auf Kampagnenebene	53,6
Erfolgsmessung auf Marktebene	34,1
Erfolgsmessung auf Unternehmensebene	37,0

Schaubild 55: Erfassungsebenen des Erfolgs von Kommunikationsmaßnahmen

7.5 Erfassung von Synergien

Ein wesentliches Ziel der Integrierten Kommunikation ist das Erzielen von Wirkungssynergien. Im Rahmen des Integrierten Kommunikationscontrollings können diese Synergieeffekte auf zwei verschiedenen Ebenen erfasst werden: der qualitativen und quantitativen Ebene. Die **Erfassung von Synergien** findet jedoch in der Unternehmenspraxis relativ wenig Anwendung. So führen 49,3 Prozent der Unternehmen an, keine Synergieeffekte verschiedener Kommunikationsinstrumente zu ermitteln, bei 16,7 Prozent ist eine solche Erfassung in Planung. Bei lediglich 34,1 Prozent der befragten Unternehmen findet eine Untersuchung der Synergiewirkungen statt, wobei dies meistens auf qualitativer Ebene erfolgt

(16,7 Prozent). Eine Erfassung auf ausschließlich quantitativer oder quantitativer wie auch qualitativer Ebene findet sich nur bei 8,7 Prozent der befragten Unternehmen (siehe Schaubild 55).

Frage Nr. E 6

Nein	Nein, aber geplant	Ja, auf qualitativer Ebene	Ja, auf quantitativer Ebene	Ja, auf qualitativer und quantitativer Ebene
49,3	16,7	16,7	8,7	8,7

(Häufigkeiten in Prozent, n = 138)

Schaubild 56: Erfassung von Synergieeffekten verschiedener Kommunikationsinstrumente

8 Zukunftsperspektiven der Integrierten Kommunikation

8.1 Gefahren einer Integrierten Kommunikation

Trotz der aufgezeigten relativ hohen Verankerung der Integrierten Kommunikation bei den befragten Unternehmen sind mit dem Einsatz einer Integrierten Kommunikation auch Gefahren und Herausforderungen verbunden, denen sich Unternehmen zukünftig zu stellen haben.

Dieser Abschnitt widmet sich der Klärung der Frage, ob aus Sicht der Unternehmen die Integrierte Kommunikation mit verschiedenen Gefahren verbunden ist. Im Einzelnen werden die folgenden Aspekte betrachtet:

- Einschätzung potenzieller Gefahren einer Integrierten Kommunikation,
- Auswirkungen der Probleme einer Integrierten Kommunikation auf die Einschätzung potenzieller Gefahren.

8.1.1 Einschätzung potenzieller Gefahren einer Integrierten Kommunikation

Die Unternehmensbefragung ergab, dass die Gefahren generell als eher unbedeutend eingestuft werden (die Mittelwerte reichen von 3,64 bis 5,38). Die **erschwerten Kontrollmöglichkeiten** werden dabei als geringste Gefahr eingeschätzt, mit einer Zustimmungsrate von 65,9 Prozent. Als sehr problematisch betrachten die befragten Unternehmen den **erhöhten Zeitbedarf durch umfangreiche interne Abstimmungsprozesse** (Mittelwert 3,64), wie Schaubild 57 verdeutlicht.

Frage Nr. F 1

Gefahren	Mittelwert*	1	2	3	4	5	6	7	8
Flexibilitätsverluste und mangelnde Anpassungsfähigkeit.	4,64	1,4	14,5	26,1	8,0	10,1	15,9	14,5	9,4
Kreativitätsverlust bei den Mitarbeitern durch Vorgaben.	4,51	8,0	13,0	21,7	5,1	12,3	18,1	13,0	8,7
Uniforme/monotone Kommunikation.	4,78	3,6	14,5	15,2	13,0	10,9	15,9	16,7	10,1
Erschwerte Kontrollmöglichkeiten.	5,38	0,7	10,1	10,9	12,3	11,6	18,1	21,0	15,2
Negative Synergieeffekte bei fehlerhafter Kommunikation.	4,41	7,2	15,2	15,2	16,7	11,6	15,2	8,7	10,1
Erhöhter Zeitbedarf durch umfangreiche interne Abstimmungsprozesse.	3,64	10,9	22,5	26,8	10,9	5,0	12,3	5,8	5,1

(Häufigkeiten in Prozent, n = 138)
*Durchschnittswerte einer Skala von 1 = Sehr große Gefahr bis 8 = Keine Gefahr

Schaubild 57: Gefahren einer Integrierten Kommunikation

Die Analyse der **Veränderung der Einschätzung der einzelnen Gefahren**, die mit einer Integrierten Kommunikation verbunden sind, kommt zu dem Ergebnis, dass sich nur sehr marginale Bedeutungsveränderungen zwischen 2005 und 2013 zugetragen haben. So verlieren die erschwerten Kontrollmöglichkeiten am meisten an Bedeutung, gefolgt von den negativen Synergieeffekten bei fehlerhafter Kommunikation sowie dem erhöhten Zeitbedarf durch umfangreiche interne Abstimmungsprozesse. Die anderen Gefahren haben dagegen geringfügig an Relevanz gewonnen. Schaubild 58 zeigt auf, wie sich die Beurteilung der Gefahren im Zeitablauf verändert hat.

Gefahren einer Integrierten Kommunikation 115

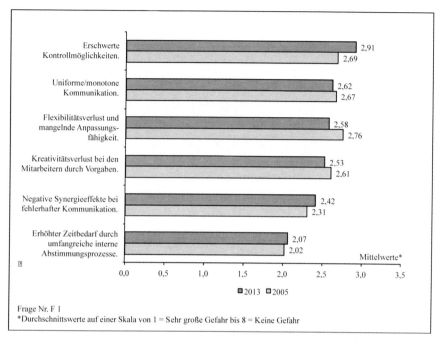

Schaubild 58: Entwicklung der Einschätzung potenzieller Gefahren einer Integrierten Kommunikation 2005 und 2013

8.1.2 Auswirkungen der Probleme einer Integrierten Kommunikation auf die Einschätzung potenzieller Gefahren

Es konnte nachgewiesen werden, dass sich die Probleme einer Integrierten Kommunikation signifikant auf die Einschätzung der Gefahren einer Integrierten Kommunikation auswirken. Die Gefahr von **Flexibilitätsverlusten und mangelnder Anpassungsfähigkeit** gilt als umso gravierender, wenn die Probleme eines mangelnden Konzepts der Integrierten Kommunikation (Regressionskoeffizient = 0,23) sowie das Bereichs- bzw. Abteilungsdenken der Mitarbeiter (Regressionskoeffizient = 0,31) besonders stark im Unternehmen ausgeprägt sind.

Eine **uniforme/monotone Kommunikation** sowie **erschwerte Kontrollmöglichkeiten** werden auf Basis eines mangelnden Konzepts (Regressionskoeffizient = -0,29 bzw. -0,23) der Integrierten Kommunikation als weniger gefahrvoll eingeschätzt.

Die Bewertung der Gefahr des **erhöhten Zeitbedarfs durch umfangreiche interne Abstimmungsprozesse** wird durch ein ausgeprägtes Bereichs- bzw. Abteilungsdenken (Regressionskoeffizient = 0,26) positiv beeinflusst.

8.2 Zukünftige Bedeutung der Integrierten Kommunikation als strategischer Erfolgsfaktor

Die Analyse der Daten hinsichtlich der zukünftigen Bedeutung der Integrierten Kommunikation als strategischer Erfolgsfaktor lässt den Schluss zu, dass die Mehrheit der befragten Unternehmen der Integrierten Kommunikation als zukünftigen strategischen Erfolgsfaktor eine eher große Bedeutung beimisst (59,4 Prozent). Noch 34,1 Prozent der befragten Unternehmen schätzen, dass für sie die Integrierte Kommunikation zukünftig als strategischer Erfolgsfaktor bedeutsam sein wird. Lediglich 6,5 Prozent der Befragten sehen die zukünftige **Bedeutung der Integrierten Kommunikation** als strategischer Erfolgsfaktor als eher gering an. Die hohe Bedeutung der Integrierten Kommunikation kommt auch darin zum Ausdruck, dass keines der befragten Unternehmen sie als unbedeutend einschätzt. 2005 zeigte sich ein ähnliches Bild. Die Einzelergebnisse sind in Schaubild 59 zusammengefasst.

Es konnte kein signifikanter Zusammenhang zwischen der Einschätzung der Gefahren einer Integrierten Kommunikation und der Bewertung der **zukünftigen Bedeutung der Integrierten Kommunikation** nachgewiesen werden. Die Bewertung der zukünftigen Bedeutung einer Integrierten Kommunikation als strategischer Erfolgsfaktor erfolgt unabhängig von den Gefahren der Integrierten Kommunikation.

Zukünftige Herausforderungen einer Integrierten Kommunikation

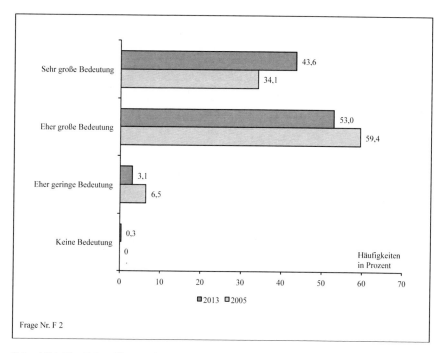

Schaubild 59: Zukünftige Bedeutung der Integrierten Kommunikation als strategischer Erfolgsfaktor

8.3 Zukünftige Herausforderungen einer Integrierten Kommunikation

Neben zukünftigen Gefahren hat die Integrierte Kommunikationsarbeit sich einigen Herausforderungen zu stellen. Diese Herausforderungen tangieren sowohl **unternehmensinterne Bereiche** als auch **externe Kommunikationsthemen**. Im Einzelnen widmet sich dieser Abschnitt den folgenden Themen:

- Einschätzung der zukünftigen Herausforderungen einer Integrierten Kommunikation,
- Auswirkungen der Probleme einer Integrierten Kommunikation auf die Einschätzung der Herausforderungen.

8.3.1 Einschätzung der zukünftigen Herausforderungen einer Integrierten Kommunikation

Bei der Betrachtung der Auswertungen fällt auf, dass die zukünftigen Herausforderungen im Mittel als relativ moderat zutreffend bewertet werden. Ähnlich der Einschätzungen der Gefahren einer Integrierten Kommunikation fällt ihre Relevanz folglich bei den befragten Unternehmen eher gering aus – beides Erkenntnisse, die für die Zukunftsträchtigkeit der Integrierten Kommunikation sprechen. Aus den Ergebnissen geht im Einzelnen hervor, dass insbesondere der **Erfolgsnachweis** Integrierter Kommunikation und die **Integration von Social Media in den Kommunikationsmix** die zentralen zukünftigen Herausforderungen der Integrierten Kommunikation aus Sicht der befragten Unternehmen darstellen. 88,0 Prozent der befragten Unternehmen beziffern Ersteren Aspekt und 80,4 Prozent Letzteren als vollständig zutreffende oder zumindest zu großen Teilen zutreffende zukünftige Herausforderungen. Eher eine untergeordnete Bedeutung spielen die **erfolgsbasierten Vergütungssysteme** für die Integrierte Kommunikation (Mittelwert 5,17; tendenzielle Zustimmungsrate 55,8 Prozent) sowie die **Auswahl von Agenturen,** die den Anforderungen der Integrierten Kommunikation im Zeitalter von Social Media & Co. gewachsen sind (Mittelwert 4,43). Schaubild 60 gibt einen Überblick über die Ergebnisse.

Frage Nr. F 3

Herausforderungen	Mittelwert*	1	2	3	4	5	6	7	8
Erfolgsnachweis Integrierter Kommunikation.	2,51	32,6	34,1	13,8	8,0	2,2	1,4	5,8	2,2
Integration von Social Media in den Kommunikationsmix.	3,14	23,2	21,7	19,6	15,9	5,1	5,8	4,3	4,3
Integration von Online-Kommunikation in den Kommunikationsmix.	3,69	14,5	21,0	16,7	17,4	8,0	9,4	8,0	5,1
Umgang mit dem Kontrollverlust in der Kommunikation.	3,96	12,3	13,8	23,2	12,3	13,0	10,9	9,4	5,1
Optimierung der Zusammenarbeit von Marketing- und Unternehmenskommunikation.	3,67	13,8	24,6	18,8	13,8	4,3	9,4	7,2	8,0
Auswahl von Agenturen, die den Anforderungen der Integrierten Kommunikation im Zeitalter von Social Media & Co. gewachsen sind.	4,43	10,1	19,6	14,5	13,0	5,1	7,2	14,5	15,9
Erfolgsbasierte Vergütungssysteme für Integrierte Kommunikation.	5,17	3,6	12,3	13,8	14,5	7,2	10,9	13,0	24,6
Integration dezentraler Kommunikation (räumlich oder inhaltlich).	3,86	9,4	26,1	15,9	16,7	9,4	5,1	7,2	10,1
Integration von Employer Branding/Employee Branding/ Interner Kommunikation.	4,04	10,1	19,6	16,7	14,5	13,0	9,4	8,7	8,0
Zielgruppendifferenzierung im Rahmen der Integrierten Kommunikation.	3,64	13,8	18,1	21,0	17,4	9,4	10,9	6,5	2,9
Vervielfältigung kommunikativer Kontaktpunkte mit Stakeholdern.	3,83	12,3	23,2	14,5	13,0	14,5	6,5	10,1	5,8

(Häufigkeiten in Prozent, n = 138)
*Durchschnittswerte einer Skala von 1 = Trifft vollständig zu bis 8 = Trifft nicht zu

Schaubild 60: Zukünftige Herausforderungen der Integrierten Kommunikation

8.3.2 Auswirkungen der Probleme einer Integrierten Kommunikation auf die Einschätzungen der Herausforderungen

Die Einschätzungen der Herausforderungen, die mit einer Integrierten Kommunikation verbunden sind, werden teilweise durch die vorhandenen Probleme bei der Umsetzung der Integrierten Kommunikation beeinflusst.

Grundlagen der Einstufung der Herausforderung des **Erfolgsnachweises der Integrierten Kommunikation** sind vor allem die Probleme fehlender Daten zur Beurteilung der Integrierten Kommunikation (Regressionskoeffizient = 0,15) sowie die Informationsüberlastung der Mitarbeiter (Regressionskoeffizient = 0,25).

Die Einschätzung der **Optimierung der Zusammenarbeit von Marketing und Unternehmenskommunikation** als eine zukünftig relevante Herausforderung der Integrierten Kommunikation wird durch die fehlende Verankerung der Integrierten Kommunikation in den Unternehmensgrundsätzen/Leitlinien (Regressionskoeffizient = -0,28) negativ beeinflusst.

Die Relevanz der Herausforderung einer **Integration dezentraler Kommunikation (räumlich oder inhaltlich)** wird durch das Umsetzungsproblem der Informationsüberlastung der Mitarbeiter signifikant bedingt (Regressionskoeffizient = 0,35).

Die Herausforderung der **Vervielfältigung kommunikativer Kontaktpunkte mit den Stakeholdern** wird bei Vorliegen eines mangelnden Konzepts der Integrierten Kommunikation (Regressionskoeffizient = 0,21) und bei fehlenden Daten zur Beurteilung der Integrierten Kommunikation (Regressionskoeffizient = 0,20) als zutreffender eingeschätzt. Fehlt es dem Konzept der Integrierten Kommunikation dagegen an einer Verankerung in den Unternehmensgrundsätzen/Leitlinien (Regressionskoeffizient = -0,38), wird die Vervielfältigung kommunikativer Kontaktpunkte mit den Stakeholdern weniger als Herausforderung gesehen.

9 Zusammenfassung und Implikationen

9.1 Zusammenfassung der Ergebnisse

Zusammenfassend lässt sich festhalten, dass die empirischen Ergebnisse aus der Studie von 2013 tendenziell eine evolutionäre Weiterentwicklung des Entwicklungsstandes der Integrierten Kommunikation in den deutschsprachigen Ländern ergeben haben. Revolutionäre Veränderungen sind dagegen ausgeblieben. Dennoch sind die stellenweise erfolgten Relevanzverschiebungen interessant und bedeutsam. Ergänzend kommen einige interessante neue Fragestellungen hinzu, die einen Einblick in den aktuellen Entwicklungsstand der Integrierten Kommunikation gewähren. Entlang der behandelten Fragestellungen werden die **Hauptergebnisse der Bestandsaufnahme der Integrierten Kommunikation** in den deutschsprachigen Ländern im Folgenden zusammengefasst:

(1) Unternehmen erkennen zunehmend die Notwendigkeit einer aufeinander abgestimmten Kommunikation. Dies zeigt sich zum einen hinsichtlich der **Einsatzdauer der Integrierten Kommunikation**. Unternehmen setzen die Integrierte Kommunikation bereits seit geraumer Zeit ein (36,4 Prozent zwischen 2 und 5 Jahren und nur lediglich 9,1 Prozent noch gar nicht). Zum anderen zeigt es sich in Bezug auf den **Integrationsgrad der Kommunikation**. Dieser hat sich insgesamt seit 2005 leicht verbessert, so dass von einer zunehmenden Verankerung der Integrierten Kommunikation in der Praxis auszugehen ist. Besonders hervorzuheben sind an dieser Stelle der positive Zusammenhang zwischen der Einsatzdauer der Integrierten Kommunikation und den Umsetzungsbarrieren sowie dem Unternehmenserfolg.

(2) Hinsichtlich der **Ziele einer Integrierten Kommunikation** haben sich keine relativen Bedeutungsverschiebungen ergeben, lediglich haben einige Ziele an Bedeutung gewonnen, während andere an Relevanz eingebüßt haben. Als bedeutende Ziele werden weiterhin die Vermittlung eines einheitlichen Erscheinungsbildes und das Erzielen von Wirkungssynergien angesehen.

Zusammenfassung der Ergebnisse

Weniger bedeutsam ist weiterhin das Ziel der Kostenreduktion. Die Veränderungen der Bedeutung einzelner Ziele der Integrierten Kommunikation für die befragten Unternehmen zwischen 2005 und 2013 verdeutlichen die zunehmende Bedeutung von intern-gerichteten Zielen.

(3) Die Ergebnisse haben gezeigt, dass an der Planung der Integrierten Kommunikation mehrere Abteilungen bzw. Personen beteiligt sind. Mehrheitlich obliegt dem Kommunikationsmanager und dem Markenmanagement die **Planungsverantwortung für die Integrierte Kommunikation**. Ebenfalls verfügt die Marketing-Kommunikation über eine relativ starke Planungsverantwortung. Folglich sind es Abteilungen mit direktem Marketing-, Marken- und Kommunikationsbezug, die überwiegend für die Planung der Integrierten Kommunikation verantwortlich sind. Als problematisch lassen sich bei der Planung der Integrierten Kommunikation inhaltliche Vorbehalte gegenüber dem Konzept der Integrierten Kommunikation und ein ausgeprägtes Abteilungsdenken hervorheben.

(4) Bei der Mehrheit der befragten Unternehmen liegt bereits ein **strategisches Konzept der Integrierten Kommunikation** vor. Ein solches Konzept basiert in der Praxis überwiegend auf formalen Aspekten, wie beispielsweise der Vorgabe von Corporate-Design-Vorschriften, Bildern und Symbole sowie einer Verbindlichkeit für alle Kommunikationsbeteiligten. In inhaltlicher Hinsicht ist das strategische Konzept etwas weniger umfassend ausgearbeitet, was auf einige inhaltliche Defizite hindeutet. Dies betrifft beispielsweise die Vorgabe von Kommunikationsbotschaften und die Abstimmung mit den übrigen Instrumenten des Marketingmix. Im Vergleich zu 2005 haben sich die Defizite leicht verschärft. Insgesamt ist festzuhalten, dass hinsichtlich einer verstärkten inhaltlichen (nicht nur formalen) Ausgestaltung des strategischen Konzepts in der Praxis noch ein erheblicher Bedarf für Verbesserungen besteht.

(5) Unternehmen setzen in ihrer integrierten Kommunikationsarbeit mehrere **Kommunikationsinstrumente** ein und stimmen diese aufeinander ab. Wie bereits 2005 dominiert in diesem Zusammenhang der Einbezug von Instrumenten der marktgerichteten Massenkommunikation wie PR/Öffentlichkeitsarbeit und Mediawerbung. Eine Einbindung der neueren Kommunikationsinstrumente wie das Online-Marketing und Social Media erfolgt dagegen noch relativ verhalten. Seit 2005 beziehen die Unternehmen deutlich umfassender die verschiedenen Kommunikationsinstrumente in ihre Kommunikation ein; insbesondere solche, die eine relativ eng definierte Zielgruppe ansprechen (Direct-Marketing und Kundenbindungsmanagement/CRM). Insgesamt wird die Vernetzung der verschiedenen Kommunikationsinstrumente von den befragten Unternehmen 2013 stärker vorgenommen als 2005.

(6) Die von Unternehmen eingesetzten Kommunikationsinstrumente lassen sich hinsichtlich der Einflussnahme auf und durch andere Kommunikationsinstrumente typologisieren. Es ergeben sich vier **Typen von Kommunikationsinstrumenten**. Von strategischer Bedeutung sind die Leitinstrumente, die andere Kommunikationsinstrumente stark beeinflussen, selbst aber durch andere nur geringfügig beeinflusst werden. Hierzu zählt, wie bereits 2005 auch, die Mediawerbung. Kristallisationsinstrumente wie die PR/Öffentlichkeitsarbeit, Mitarbeiterkommunikation, Online-Marketing, Social Media und Kundenbindung/CRM sind aufgrund ihrer hohen Einflussnahme und Beeinflussbarkeit besonders geeignet, spezifische Zielgruppen anzusprechen. Integrationsinstrumente verfügen über eine schwache Einflussnahme sowie Beeinflussbarkeit und sind dadurch in der Lage, verschiedene Kommunikationsinstrumente zu integrieren. Dies sind insbesondere das Event- und Direct-Marketing, Messen/Ausstellungen und Sponsoring. Folgeinstrumente nehmen kaum Einfluss auf andere Instrumente, werden aber stark von diesen beeinflusst. So ist die Verkaufsförderung auch 2013 ein Instrument, das Unternehmen bei der Umsetzung einzelner Kommunikationsaufgaben unterstützt.

Zusammenfassung der Ergebnisse

(7) Die befragten Unternehmen integrieren ihre Kommunikation sowohl in inhaltlicher, formaler als auch zeitlicher Hinsicht. Diese drei **Formen der Integrierten Kommunikation** erfolgen insgesamt auf einem relativ hohen Niveau, wobei die formale Integration bereits von den befragten Unternehmen besonders umfassend umgesetzt wird. So werden formale Gestaltungsrichtlinien bei Zeichen und Logos sowie bei Schrifttypen von 99,2 bzw. 97,8 Prozent der befragten Unternehmen vollständig bis teilweise beachtet. Inhaltliche Aspekte werden dagegen relativ gesehen weniger umgesetzt, insbesondere die Vermittlung von Inhalten in einheitlichen Kommunikationsbotschaften. Die zeitliche Integration wird bislang relativ gesehen weniger von den befragten Unternehmen realisiert.

(8) Die Umsetzung der Integrierten Kommunikation stößt in der Praxis auf einige ungelöste **Probleme und Widerstände**. Inhaltlich-konzeptionell gestaltet sich die Erfolgskontrolle aufgrund der hohen Komplexität der Integrierten Kommunikation als besonders schwierig. In personell-kultureller Hinsicht ist ein lückenhaftes Verständnis der Integrierten Kommunikation im mittleren Management von besonderer Tragweite. Des Weiteren erschweren fehlende Daten zur Beurteilung der Integrierten Kommunikation die Umsetzung der Integrierten Kommunikation im Rahmen der organisatorisch-strukturellen Widerstände.

(9) Das Aufkommen sozialer Medien formuliert neue Ansprüche an die Integrierte Kommunikation. Unternehmen stehen vor der Herausforderung, den Einsatz von **Social Media** innerhalb der Unternehmens- und Marketingkommunikation zu professionalisieren, einen bereichsübergreifenden Informationsaustausch und die Zusammenarbeit im Umgang mit Social Media sicherzustellen sowie einen regelmäßigen Informationsaustausch zwischen den Verantwortlichen für Social Media und anderen Kommunikationsinstrumenten zu fördern. Es zeigt sich, dass Unternehmen das Potenzial von Social Media bereits erkannt haben und es auszuschöpfen beginnen, damit jedoch noch relativ am Anfang stehen. Bislang findet die Sicherstellung von

Konsistenz im Rahmen der Social Media-Kommunikation mehrheitlich durch die Übertragung der Verantwortung für Social Media an eine Stelle/Abteilung statt. Insgesamt schreiben die Ergebnisse zur Stellung von Social Media im Rahmen der Integrierten Kommunikation diesem Kommunikationsinstrument primär einen komplementären Charakter zu.

(10) Die Etablierung einer geeigneten **Erfolgskontrolle** ist nach wie vor das zentrale Problem der Integrierten Kommunikation und stellt die größte Herausforderung dar. In der Praxis existieren zahlreiche Instrumente zur Messung des Kommunikationserfolgs, die bereits von einigen der befragten Unternehmen eingesetzt werden, wie beispielsweise Kunden- und Mitarbeiterbefragungen sowie die Markt- und Meinungsforschung. Kundenbefragungen werden dabei von den Unternehmen in der Stichprobe verstärkt eingesetzt. Darüber hinaus kommen der Marktanteil und die Kundenbindung als Kennzahlen zur Steuerung der Integrierten Kommunikation zur Anwendung. Die Messung des Erfolgs der Integrierten Kommunikation wird dabei überwiegend isoliert auf Instrumente- oder Kampagnenebene vorgenommen. Synergiewirkungen von Kommunikationsinstrumenten werden bislang kaum erfasst.

9.2 Implikationen für die Praxis

Die Ergebnisse liefern interessante und wertvolle **Implikationen für die Praxis**. Einige der Implikationen werden im Folgenden hervorgehoben:

(1) In erster Linie hat sich gezeigt, dass das Konzept der Integrierten Kommunikation durch Langfristigkeit gekennzeichnet ist. Die Planung und Umsetzung der Integrierten Kommunikation ist demzufolge ein **kontinuierlicher Prozess**, der sich über mehrere Jahre erstreckt und permanent an neue Gegebenheiten und Veränderungen anzupassen ist. Dies beinhaltet auch die regelmäßige Neudefinition der Ziele und Aufgaben der Integrierten Kommunikation für die einzelnen Planungsperioden.

(2) Wichtige Aspekte stellen die Einsatzdauer und der Grad der Integrierten Kommunikation dar. Wie die Ergebnisse belegen, zahlen sich die Mühen, die mit der Planung und Umsetzung der Integrierten Kommunikation verbunden sind, nach einiger Zeit aus. So verbuchen Unternehmen mit zunehmender Einsatzdauer der Integrierten Kommunikation einen **Anstieg von markt- und kundenbezogenen Erfolgsgrößen**. Besonders stark ist der Effekt auf die Kundenbindung, Kundenzufriedenheit und den ROI. Für Unternehmen ist es lohnenswert, stetig die Integrierte Kommunikation voranzutreiben und ihren Stand im Unternehmen auszubauen, um diese positiven Effekte im Zeitverlauf ausschöpfen zu können. Kurzfristige positive Effekte zu Beginn der Beschäftigung mit der Integrierten Kommunikation können in einzelnen Fällen erzielt werden, jedoch ist mit konstanten positiven Effekten erst nach einiger Zeit zu rechnen. Aus diesem Grund kommt dem langfristigen Charakter der Integrierten Kommunikation eine große Bedeutung zu.

(3) Des Weiteren ergeben sich zentrale Implikationen für die **interne Umsetzung, Gestaltung und Planung der Integrierten Kommunikation**. Die Ergebnisse verdeutlichen, dass die befragten Unternehmen internen Ansatzpunkten im Rahmen der Integrierten Kommunikation eine zentrale Bedeutung zuschreiben. Insbesondere die Notwendigkeit der Schaffung interner Integrationsvoraussetzungen für eine erfolgreiche Integrierte Kommunikation wird erkannt und eine hohe Relevanz beigemessen. Dies betrifft vor allem die nachfolgenden Punkte.

(4) Bei den **integrationsorientierten Systemen und der Kultur** ergeben sich Ansatzpunkte für die zentrale Stellung interner Gegebenheiten als Stellhebel für eine erfolgreiche Integrierte Kommunikation. Der Aufbau einer Kommunikationsinfrastruktur für alle internen und externen Kommunikationszielgruppen, die Schaffung von integrationsfördernden Informations-, Planungs-, Steuerungs- und Kontrollsystemen sowie der Aufbau einer zielgruppenbezogenen Kommunikationsdatenbank sind für eine erfolgreiche Etablierung der integrationsorientierten Systeme sicherzustellen. Hinsichtlich der integrationsorientierten Kultur ist eine Erhöhung des Kenntnisstands, der

Kooperations- und Koordinationsbereitschaft der Mitarbeiter sowie Bewusstmachung der Bedeutung der Integrierten Kommunikation anzustreben (z. B. durch Workshops, Weiterbildungsmaßnahmen, Teamarbeit und Empowerment).

(5) Die **Relevanz der internen Ziele** der Integrierten Kommunikation hat zwischen 2005 und 2013 zugenommen. Unternehmen sind daher dazu aufgefordert, internen Zielen – wie der besseren Koordination/Koope-ration der Abteilungen und Erhöhung der Motivation und Identifikation der Mitarbeiter – verstärkt Beachtung zu schenken sowie ihre Realisierung voranzutreiben.

(6) Darüber hinaus gilt es zu berücksichtigen, dass die organisatorisch-strukturellen **Barrieren** nach wie vor die zentralen Barrieren der Integrierten Kommunikation darstellen. Erst ihre Überwindung ebnet den Weg für eine erfolgreiche, effektive und effiziente Umsetzung der Integrierten Kommunikation. Die Durchführung der Integrierten Kommunikation in **prozessorientierter Zusammenarbeit** wirkt sich hierauf positiv aus.

(7) Die **Mitarbeiterkommunikation** kristallisiert sich als ein Kommunikationsinstrument mit zunehmend strategischer Bedeutung heraus, neben der PR und der Kundenbindung. Aus diesem Grund gilt es in Zukunft, ihren strategischen Charakter zu erkennen.

(8) Die Tatsache, dass der Einsatz **externer Agenturen** im Rahmen der Integrierten Kommunikation deutlich abgenommen hat und damit die Integrierte Kommunikation mehrheitlich von den Unternehmen selbst geplant, gestaltet und umgesetzt wird, unterstreicht zusätzlich die Relevanz der angeführten internen Aspekte.

(9) Trotz des zurückgegangenen Einsatzes von Vertrieb/Außendienst im Rahmen der Integrierten Kommunikation seit 2005 kommt ihm heute eine zentrale Rolle für die Integrierte Kommunikation zu. Eine der **Stärken von Vertrieb/Außendienst** für die Integrierte Kommunikation liegt darin, dass eine hohe Beteiligung an der Planung der Integrierten Kommunikation die Be-

deutung zentraler Ziele der Integrierten Kommunikation positiv zu beeinflussen vermag, wie beispielsweise der Kostenreduktion und besseren Koordination und Kooperation der Abteilungen. Darüber hinaus stufen Unternehmen, die den Vertrieb/Außendienst umfassend in ihre Integrierte Kommunikationsarbeit einbinden, die inhaltlichen Vorbehalte als weniger gravierende Ursache für die Probleme der Integrierten Kommunikation ein. Auch für den zeitlich abgestimmten Einsatz verschiedener Kommunikationsinstrumente innerhalb einer Planungsperiode und den Abbau zahlreicher Umsetzungsbarrieren der Integrierten Kommunikation ist der Vertrieb/Außendienst förderlich. Insgesamt ist demzufolge die Einbindung des Vertriebs/ Außendienstes im Rahmen der Integrierten Kommunikation als besonders positiv für Unternehmen herauszustellen, auch in Hinblick auf seine Funktion als Integrationsinstrument. Durch die derzeitig eher geringe Einbindung des Vertriebs/Außendienstes in die Integrierte Kommunikation vergeben Unternehmen jedoch diese Chancen. Die Unternehmen, die den Vertrieb/ Außendienst jedoch bereits in ihre integrierte Kommunikationsarbeit einbinden, wenden für ihn einen relativ hohen Budgetanteil auf. Insgesamt ist in diesem Zusammenhang von Unternehmen ein verstärkter Einsatz des Vertriebs/Außendienstes als Integrationsinstrument in die Integrierte Kommunikation intensiv in Erwägung zu ziehen.

(10) Besonders ausgeprägte Defizite liegen in Hinblick auf die **Erfolgskontrolle der Integrierten Kommunikation** vor. Vielfach basiert die Erfolgskontrolle auf Kundenbefragungen und Erfolgsmessungen werden isoliert auf Instrumente- und Kampagnenebene vorgenommen. Für eine umfassende und präzise Erfolgsmessung der Integrierten Kommunikation greift eine solch isolierte Erfolgskontrolle jedoch zu kurz, da Verbund- und/oder Interaktionseffekte sowie Synergiewirkungen zwischen den einzelnen Kommunikationsinstrumenten nicht überprüft werden. An dieser Stelle sind Unterneh-

men dazu aufgefordert, Methoden zu finden und einzusetzen, die den Erfolg der internen und externen Umsetzung des Integrationsgedanken adäquat zu messen vermögen (beispielsweise durch eine Erfolgsmessung von Verbundeffekten mehrerer Kommunikationsinstrumente).

Zusammenfassend lässt sich festhalten, dass sich in der vierten Erhebungswelle im Jahr 2013 insgesamt eine permanente Weiterentwicklung der Integrierten Kommunikation gezeigt hat. Einige neue Aufgabenstellungen, wie beispielsweise die Integration von Social Media in den Kommunikationsmix, sind hinzugekommen. Einige Aufgabenstellungen haben an Bedeutung verloren, wie beispielsweise die Beteiligung externer Institutionen an der Konzeption der Integrierten Kommunikation. Trotz der erzielten Fortschritte hinsichtlich der Bedeutung, Planung sowie strategischen und operativen Ausrichtung der Integrierten Kommunikation sind auch alte Aufgabenstellungen geblieben, für die Lösungsansätze notwendig sind, wie beispielsweise die Erfolgskontrolle der Integrierten Kommunikation.

Literaturverzeichnis

Bruhn, M. (2009): Integrierte Unternehmens- und Markenkommunikation. Strategische Planung und operative Umsetzung, 5. Aufl., Stuttgart.

Bruhn, M. (2013): Kommunikationspolitik. Systematischer Einsatz der Kommunikation für Unternehmen, 7. Aufl., München.

Bruhn, M./Boenigk, M. (1999): Integrierte Kommunikation. Entwicklungsstand in Unternehmen, Wiesbaden.

Bruhn, M./Zimmermann, A. (1993): Integrierte Kommunikationsarbeit in deutschen Unternehmen – Ergebnisse einer Unternehmensbefragung, in: Bruhn, M./Dahlhoff, H.D. (Hrsg.): Effizientes Kommunikationsmanagement, Stuttgart, S. 145-215.

Esch, F.-R. (2011): Wirkung integrierter Kommunikation. Ein verhaltenswissenschaftlicher Ansatz für die Werbung, 5. Aufl., Wiesbaden.

Finne, Å./Grönroos, C. (2009): Rethinking marketing communication: From integrated marketing communication to relationship communication, in: Journal of Marketing Communications, Vol. 15, No. 2/3, S. 179-195.

Kitchen, P. J./Kim, I./Schultz, D. E. (2008): Integrated marketing communication: Practice leads theory, in: Journal of Advertising Research, Vol. 48, No. 4, S. 531-546.

Low, G. S. (2000): Correlates of Integrated Marketing Communications, in Journal of Advertising Research, Vol. 40, No. 3, S. 27-39.

Reid, M. (2005): Performance Auditing of Integrated Marketing Communication (IMC) Actions and Outcomes, in: Journal of Advertising, Vol. 34, No. 4, S. 41-54.

Schultz, D.E. (1996): The Inevitability of Integrated Communication, in: Journal of Business Research, Vol. 37, No. 3, S. 139-146.

Stumpf, M. (2005): Erfolgskontrolle der Integrierten Kommunikation: Messung des Entwicklungsstandes integrierter Kommunikationsarbeit in Unternehmen, Wiesbaden.

Werder, A. von/Grundei, J./Talaulicar, T. (2002): Organisation der Unternehmenskommunikation im Internet-Zeitalter, in: Frese, E./Stöber, H. (Hrsg.): E-Organisation. Strategische und organisatorische Herausforderungen des Internet, Wiesbaden, S. 395-423.

Zerfaß, A. (2010): Unternehmensführung und Öffentlichkeitsarbeit. Grundlegung einer Theorie der Unternehmenskommunikation und Public Relations, 3. Aufl., Wiesbaden.

Anhang

Fragebogen und Häufigkeitsauswertung

Teil A: Allgemeines Verständnis und Bedeutung Integrierter Kommunikation

(1) Integrierte Kommunikation lässt sich durch folgende Merkmale charakterisieren:

- Strategischer und operativer **Managementprozess**
- Herstellung einer **Einheit der externen und internen Kommunikation** eines Unternehmens
- Vermittlung eines **konsistenten Erscheinungsbildes** des Unternehmens

Inwieweit deckt sich Ihr **Verständnis** der Integrierten Kommunikation mit dieser Charakterisierung?

1	2	3	4	5	6	7	8
50,0	34,8	11,6	1,4	2,2	0,0	0,0	0,0

(Häufigkeiten in Prozent, n = 138)
Skala von 1 = Vollständig bis 8 = Überhaupt nicht

(2) Beschäftigt sich Ihr Unternehmen mit der Integrierten Kommunikation und wenn ja, seit wann?

Bisher nicht	Weniger als 2 Jahre	2 bis 5 Jahre	5 bis 10 Jahre	Mehr als 10 Jahre
13,6	23,4	36,4	17,5	9,1

(Häufigkeiten in Prozent, n = 157)

(3) Wie würden Sie den **Stand der Integrierten Kommunikation** in Ihrem Unternehmen beurteilen? Versuchen Sie auf einer 10er Skala eine Einschätzung vorzunehmen (1 = die Integrierte Kommunikation steckt noch in den Anfängen; 10 = es erfolgt ein umfassender Einsatz der Integrierten Kommunikation).

1	2	3	4	5	6	7	8	9	10
2,9	2,9	7,1	15,	9,3	17,1	15,0	17,9	7,9	5,0

(Häufigkeiten in Prozent, n = 138)

(4) Welche Bedeutung haben die folgenden **Ziele der Integrierten Kommunikation** für Sie?

Ziele	Mittelwert*	1	2	3	4	5	6	7	8
Einheitliches Erscheinungsbild	1,45	68,8	21,7	6,5	2,2	0,0	0,7	0,0	0,0
Erzielen von Wirkungssynergien	1,81	51,4	26,1	16,7	2,9	1,4	1,4	0,0	0,0
Kostenreduktion	3,48	13,8	18,8	26,1	13,8	10,1	12,3	2,2	2,9
Verbesserte Lerneffekte bei den Zielgruppen	2,12	38,4	29,0	19,6	9,4	2,9	0,7	0,0	0,0
Kommunikative Differenzierung im Wettbewerb	2,22	41,3	23,2	21,7	8,7	0,7	1,4	0,7	2,2
Bessere Koordination/ Kooperation der Abteilungen	2,50	31,2	30,4	17,4	10,9	3,6	3,6	0,7	2,2
Erhöhung der Motivation und Identifikation der Mitarbeiter	2,36	40,6	21,7	16,7	10,1	5,80	4,3	0,7	40,6

(Häufigkeiten in Prozent, n = 138)
*Durchschnittswerte einer Skala von 1 = Sehr große Bedeutung bis 8 = Keine Bedeutung

Teil B: Planung der Integrierten Kommunikation

(1) Welche Unternehmensbereiche bzw. Personen sind in Ihrem Unternehmen für die **Planung** der Integrierten Kommunikation **verantwortlich**?

Abteilung/Person	Mittelwert*	1	2	3	4	5	6	7	8	Nicht vorhanden
Geschäfts-/Unternehmensleitung	2,96	27,5	26,8	18,8	7,2	5,8	2,2	5,8	5,8	0,0
Marketing	2,43	17,4	28,3	15,2	7,2	6,5	2,2	3,6	2,9	16,7
Marketing-Kommunikation	1,83	33,3	30,4	5,8	6,5	4,3	2,9	0,0	0,7	15,9
PR/Öffentlichkeitsarbeit	2,21	29,0	27,5	13,8	5,10	4,30	1,4	1,4	4,3	13,0
Vertrieb/Außendienst	4,32	0,7	8,7	8,00	7,2	14,5	8,7	7,2	23,2	21,7
Kommunikationsmanager	1,70	22,5	29,7	6,5	5,1	0,7	0,0	1,4	4,3	29,7
Markenmanagement	1,76	8,0	14,5	7,2	6,5	2,9	0,7	2,9	6,5	50,7
Produktmanagement	3,18	0,7	10,9	10,1	12,3	10,1	7,2	5,8	10,1	32,6
Mediawerbung	2,12	4,3	15,2	8,7	9,4	1,4	2,9	4,3	7,2	46,4
Direct-Marketing	2,11	4,3	12,3	8,7	6,5	3,6	5,1	5,8	5,1	48,6
Event-Marketing	2,38	5,8	10,1	11,6	5,8	4,3	7,2	4,3	7,2	43,5
Sponsoring	2,46	5,8	11,6	6,5	7,2	2,9	5,8	2,9	12,3	44,9
Online-Marketing	2,49	8,0	20,3	8,0	9,4	2,9	5,8	2,9	8,7	34,1
Social Media	2,57	5,8	15,2	10,9	6,5	1,4	6,5	6,5	8,7	38,4
Kundenbindungsmanagement/CRM	3,20	3,6	12,3	10,1	5,8	7,2	8,7	6,5	13,0	32,6
Externe Kommunikationsagentur	2,98	4,3	12,3	10,1	8,7	8,0	5,8	4,3	12,3	34,1

(Häufigkeiten in Prozent, n = 138)
*Durchschnittswerte einer Skala von 1 = Ausschließliche Verantwortung bis 8 = Keine Verantwortung

Anhang

(2) Worin sehen Sie die **Ursachen** für Probleme bei der **Planung** der Integrierten Kommunikation?

Problemursachen	Mittel-wert*	1	2	3	4	5	6	7	8
Ausgeprägtes Abteilungsdenken	3,20	21,7	25,4	19,6	8,7	6,5	9,4	4,3	4,3
Fehlende Bereitschaft zur Information	3,58	14,5	21,7	19,6	13,8	13,0	5,80	6,5	5,1
Persönliche Vorbehalte	4,17	10,9	16,7	16,7	13,0	10,9	15,2	8,0	8,7
Inhaltliche Vorbehalte gegenüber dem Konzept der Integrierten Kommunikation	3,12	21,0	27,5	22,5	7,2	5,1	8,0	3,6	5,1
Fehlen von Abstimmungsregeln	5,10	4,3	8,7	15,2	13,0	11,6	16,7	10,9	19,6

(Häufigkeiten in Prozent, n = 138)
*Durchschnittswerte einer Skala von 1 = Trifft vollständig zu bis 8 = Trifft nicht zu

Teil C: Konzeption der Integrierten Kommunikation

(1) Bitte nehmen Sie Stellung zu der folgenden Aussage bezüglich eines **strategischen Konzepts** der Integrierten Kommunikation.

Strategisches Konzept	Mittelwert*	1	2	3	4	5	6	7	8
In unserem Unternehmen liegt ein strategisches Konzept der Integrierten Kommunikation vor.	3,62	12,3	15,9	30,4	14,5	9,4	7,2	2,9	7,2

(Häufigkeiten in Prozent, n = 138)
*Durchschnittswerte einer Skala von 1 = Trifft vollständig zu bis 8 = Trifft nicht zu

(2) Waren bzw. sind an der Erarbeitung des Konzepts auch **externe Berater bzw. Agenturen** beteiligt und wenn ja, welche? (Mehrfachantworten möglich)

Externe Institutionen	Beteiligung vorhanden
Bisher nicht	46,4
Unternehmensberatungen	10,9
Werbeagenturen	28,3
PR-Agenturen	18,8
Sonstige Kommunikationsagenturen	10,9
Berater für Integrierte Kommunikation	7,2
CI-Berater	9,4
Freie Berater	8,0

(Häufigkeiten in Prozent, n = 138)

Anhang

(3) Welche der folgenden **Merkmale** weist das Konzept der Integrierten Kommunikation in Ihrem Unternehmen auf?

Es handelt sich um ein Konzept, das ...

Merkmale	Mittelwert*	1	2	3	4	5	6	7	8
Inhalt									
... auf einer Unternehmensvision bzw. Philosophie aufbaut.	2,82	36,2	26,1	12,3	5,8	2,9	5,1	4,3	7,2
... die Kommunikationsziele allgemein festschreibt.	2,84	31,2	18,8	22,5	11,6	6,5	0,7	5,1	3,6
... eine strategische Positionierung für die Kommunikation festschreibt.	2,99	25,4	28,3	15,9	10,9	5,8	5,1	2,9	5,8
... Kommunikationsbotschaften vorgibt.	3,04	24,6	25,4	16,7	13,0	8,0	4,3	2,9	5,1
... Zielgruppen der Kommunikation festlegt.	2,92	27,5	25,4	14,5	16,7	5,1	2,9	2,9	5,1
... mit den übrigen Instrumenten des Marketingmix abgestimmt ist.	3,26	18,1	23,2	26,1	11,6	8,0	2,2	2,9	8,0
Form und Verbindlichkeit									
... in schriftlicher Form vorliegt.	3,30	34,1	15,2	13,8	9,4	5,1	6,5	5,8	10,1
... mit den allgemeinen Unternehmenszielen abgestimmt ist.	2,70	31,2	29,0	17,4	6,5	4,3	4,3	3,6	3,6
... Corporate-Design-Vorschriften sowie Bilder und Symbole vorgibt.	2,15	48,6	29,7	8,7	2,2	2,9	2,2	1,4	4,3
... von der Führungsebene voll unterstützt wird.	2,60	34,1	24,6	20,3	6,5	6,5	1,4	3,6	2,9
... für alle Kommunikationsbeteiligten verbindlich ist.	2,46	39,9	22,5	20,3	6,5	1,4	2,9	2,2	4,3

(Häufigkeiten in Prozent, n = 138)
*Durchschnittswerte einer Skala von 1 = Trifft vollständig zu bis 8 = Trifft nicht zu

Teil D: Umsetzung der Integrierten Kommunikation

(1) In welcher Form wird in Ihrem Unternehmen die **Umsetzung der Aufgaben** der Integrierten Kommunikationsarbeit vorgenommen?

Umsetzungsformen	Mittelwert*	1	2	3	4	5	6	7	8
In abteilungsübergreifender Projektarbeit (zeitlich befristet)	4,50	11,6	16,7	18,1	8,7	8,7	7,2	2,9	26,1
In abteilungsübergreifender Teamarbeit (kontinuierlich)	2,96	27,5	24,6	19,6	10,9	5,1	2,9	0,7	8,7
In prozessorientierter Zusammenarbeit	3,70	17,4	18,8	26,1	10,1	4,3	4,3	2,2	16,7
Von den einzelnen Abteilungen isoliert	5,82	4,3	9,4	8,7	10,1	8,7	7,2	6,5	44,9

(Häufigkeiten in Prozent, n = 138)
*Durchschnittswerte einer Skala von 1 = Trifft vollständig zu bis 8 = Trifft nicht zu

(2) Welche **Kommunikationsinstrumente** werden in Ihrem Unternehmen innerhalb der Integrierten Kommunikation einbezogen?

Instrumente	Mittelwert*	Ja, vollständig	Größtenteils	Kaum	Nein, überhaupt nicht
Mediawerbung	2,00	44,2	25,4	16,7	13,8
PR/Öffentlichkeitsarbeit	1,57	54,3	34,1	11,6	0,0
Verkaufsförderung	2,38	26,8	30,4	21,0	21,7
Messen/Ausstellungen	2,26	31,2	26,1	28,3	14,5
Sponsoring	2,48	23,2	27,5	27,5	21,7
Persönlicher Verkauf/Vertrieb	2,39	25,4	28,3	28,3	18,1
Direct-Marketing	2,46	26,8	23,9	26,1	23,2
Event-Marketing	2,34	26,8	32,6	20,3	20,3
Mitarbeiterkommunikation	1,78	42,0	39,9	16,7	1,4

Anhang

Online-Marketing	2,20	33,3	29,7	21,0	15,9
Social Media	2,49	27,5	20,3	27,5	24,6
Verpackung	3,17	10,9	15,2	20,3	53,6
Kundenbindung/CRM	2,45	19,6	31,9	32,6	15,9

(Häufigkeiten in Prozent, n = 138)
*Durchschnittswerte einer Skala von 1 = Ja bis 4 = Nein

(3) Kommunikationsinstrumente haben innerhalb der Kommunikationspolitik häufig eine unterschiedliche **Bedeutung**. Bitte wählen Sie die **drei** aus Ihrer Sicht bedeutendsten Kommunikationsinstrumente im Rahmen der Integrierten Kommunikation aus.

Instrumente	Rang 1	Rang 2	Rang 3
Mediawerbung	23,2	5,1	7,2
PR/Öffentlichkeitsarbeit	36,2	15,9	8,7
Verkaufsförderung	3,6	5,1	5,1
Messen/Ausstellungen	2,2	5,1	8,0
Sponsoring	0,0	4,3	2,2
Persönlicher Verkauf/Vertrieb	12,3	11,6	3,6
Direct-Marketing	4,3	9,4	3,6
Event-Marketing	0,0	2,2	5,8
Mitarbeiterkommunikation	11,6	17,4	26,8
Online-Marketing	0,7	8,7	10,9
Social Media	1,4	4,3	8,0
Verpackung	0,7	0,7	3,6
Kundenbindung/CRM	3,6	10,1	6,5

(Häufigkeiten in Prozent, n = 138)

(4) Sind die folgenden Kommunikationsinstrumente eher **strategisch (langfristig)** oder eher **taktisch (kurzfristig)** ausgerichtet?

Instrumente	Eher strategisches Instrument	Eher taktisches Instrument	Nicht vorhanden
Mediawerbung	39,9	47,8	12,3
PR/Öffentlichkeitsarbeit	76,1	23,9	0,0
Verkaufsförderung	21,0	53,6	25,4
Messen/Ausstellungen	26,1	56,5	17,4
Sponsoring	47,8	25,4	26,8
Persönlicher Verkauf/Vertrieb	41,3	41,3	17,4
Direct-Marketing	17,4	52,2	30,4
Event-Marketing	25,4	47,1	27,5
Mitarbeiterkommunikation	72,5	24,6	2,9
Online-Marketing	32,6	46,4	21,0
Social Media	25,4	42,0	32,6
Verpackung	21,7	22,5	55,8
Kundenbindung/CRM	63,8	15,9	20,3

(Häufigkeiten in Prozent, n = 138)

(5) Ein Problem für die Kommunikationspraxis stellt die Erfassung der Beziehungen der Kommunikationsinstrumente untereinander dar. Einzelne Instrumente können nicht isoliert betrachtet werden, da ihr Einsatz andere Kommunikationsinstrumente beeinflussen kann. Versuchen Sie bitte, die folgenden Kommunikationsinstrumente bezüglich ihrer **Einflussnahme auf andere Instrumente** einzuschätzen.

Instrumente	Mittelwert*	1	2	3	4	5	6	7	8
Mediawerbung	2,70	32,6	23,9	15,2	13,8	4,3	5,8	2,2	2,2
PR/Öffentlichkeitsarbeit	2,17	41,3	29,7	12,3	8,0	5,8	2,2	0,7	0,0
Verkaufsförderung	3,99	11,6	18,8	16,7	13,0	15,9	8,7	6,5	8,7
Messen/Ausstellungen	4,25	6,50	11,6	23,2	16,7	14,5	13,0	8,0	6,5
Sponsoring	4,09	9,40	16,7	23,2	11,6	10,9	10,9	8,0	9,4
Persönlicher Verkauf/Vertrieb	3,83	19,6	16,7	14,5	10,9	12,3	10,1	6,5	9,4

Anhang

Instrumente									
Direct-Marketing	4,05	10,9	15,2	21,7	14,5	8,7	14,5	5,8	8,7
Event-Marketing	4,06	7,2	18,8	18,1	20,3	11,6	9,4	5,1	9,4
Mitarbeiterkommunikation	2,60	39,1	19,6	17,4	8,0	4,3	5,8	5,1	0,7
Online-Marketing	3,33	19,6	24,6	20,3	9,4	6,5	10,1	2,9	6,5
Social Media	3,58	21,7	18,8	13,8	10,1	13,8	10,1	5,8	5,8
Verpackung	5,35	7,2	8,0	6,5	15,2	12,3	11,6	13,	26,1
Kundenbindung/CRM	3,59	18,1	24,6	11,6	16,7	5,8	8,7	6,5	8,0

(Häufigkeiten in Prozent, n = 138)
*Durchschnittswerte einer Skala von 1 = Sehr starke Einflussnahme bis 8 = Keine Einflussnahme

(6) Ein Kommunikationsinstrument kann nicht nur auf andere Instrumente Einfluss nehmen, sondern von diesen auch selbst beeinflusst werden. Versuchen Sie bitte, die folgenden Instrumente bezüglich ihrer **Beeinflussbarkeit durch andere Instrumente** einzuschätzen.

Instrumente	Mittelwert*	1	2	3	4	5	6	7	8
Mediawerbung	3,99	18,8	13,0	15,2	14,5	4,3	15,2	13,0	5,8
PR/Öffentlichkeitsarbeit	2,87	34,1	19,6	16,7	8,0	6,5	8,7	5,1	1,4
Verkaufsförderung	3,33	15,9	25,4	21,7	17,4	4,3	4,3	2,9	8,0
Messen/Ausstellungen	4,07	10,9	15,2	18,1	17,4	10,9	13,0	6,5	8,0
Sponsoring	4,28	9,40	16,5	18,8	13,0	7,2	13,0	12,3	9,4
Persönlicher Verkauf/Vertrieb	3,49	18,8	21,7	20,3	10,9	8,0	8,0	4,3	8,0
Direct-Marketing	3,62	14,5	20,3	22,5	13,0	10,1	8,0	4,3	7,2
Event-Marketing	4,07	10,1	14,5	23,2	12,3	13,0	10,9	9,4	6,5
Mitarbeiterkommunikation	3,04	29,7	21,0	15,2	11,6	5,8	5,1	11,6	0,0
Online-Marketing	3,28	19,6	25,4	18,1	14,5	5,8	6,5	3,6	6,5
Social Media	3,17	23,2	25,4	18,8	10,9	5,8	4,3	5,1	6,5
Verpackung	5,43	5,8	5,8	10,1	10,1	13,0	18,1	14,5	22,5
Kundenbindung/CRM	3,63	17,4	21,0	18,1	13,0	8,7	7,2	5,8	8,7

(Häufigkeiten in Prozent, n = 138)
*Durchschnittswerte einer Skala von 1 = Sehr starke Beeinflussbarkeit bis 8 = Keine Beeinflussbarkeit

(7) Bitte nehmen Sie Stellung zu den folgenden Aussagen bezüglich integrationsorientierter **Strukturen** in Ihrem Unternehmen.

Integrationsorientierte Strukturen	Mittelwert*	1	2	3	4	5	6	7	8
Es erfolgt eine regelmäßige Zusammenarbeit zwischen den Kommunikationsabteilungen in unserem Unternehmen.	2,43	37,0	26,1	21,7	5,8	1,4	2,2	0,7	5,1
Es existieren abteilungsübergreifende Projektteams in der Kommunikationsarbeit in unserem Unternehmen.	3,50	21,7	26,1	13,8	10,1	5,8	5,1	4,3	13,0
Es findet ein regelmäßiger Informationsaustausch zwischen den Kommunikationsabteilungen in unserem Unternehmen statt.	2,60	33,3	29,7	18,8	2,9	4,3	4,3	0,7	5,8
Die Strukturen in unserem Unternehmen fördern eine Integrierte Kommunikation.	3,36	19,6	27,5	13,8	12,3	8,7	6,5	5,1	6,5

(Häufigkeiten in Prozent, n = 138)
*Durchschnittswerte einer Skala von 1 = Trifft vollständig zu bis 8 = Trifft nicht zu

(8) Bitte nehmen Sie Stellung zu den folgenden Aussagen bezüglich integrationsorientierter **Systeme** in Ihrem Unternehmen.

Integrationsorientierte Systeme	Mittelwert*	1	2	3	4	5	6	7	8
In unserem Unternehmen existieren Informationssysteme, die die Integrierte Kommunikation unterstützen.	3,53	15,9	23,2	19,6	13,8	4,3	12,3	5,8	5,1
In unserem Unternehmen existieren Planungssysteme, die die Integrierte Kommunikation unterstützen.	4,03	13,0	17,4	14,5	14,5	12,3	13,8	6,5	8,0
In unserem Unternehmen existieren Steuerungssysteme, die die Integrierte Kommunikation unterstützen.	4,28	9,4	16,7	14,5	13,0	14,5	15,2	7,2	9,4

	Mittelwert*	1	2	3	4	5	6	7	8
In unserem Unternehmen existieren Kontrollsysteme, die die Integrierte Kommunikation unterstützen.	5,10	5,8	8,0	9,4	15,2	14,5	16,7	16,7	13,8
Die Systeme in unserem Unternehmen fördern eine Integrierte Kommunikation.	4,30	9,4	10,9	20,3	16,7	12,3	12,3	9,4	8,7

(Häufigkeiten in Prozent, n = 138)
*Durchschnittswerte einer Skala von 1 = Trifft vollständig zu bis 8 = Trifft nicht zu

(9) Bitte nehmen Sie Stellung zu den folgenden Aussagen bezüglich integrationsorientierter **Prozesse** in Ihrem Unternehmen.

Integrationsorientierte Prozesse	Mittelwert*	1	2	3	4	5	6	7	8
Unternehmensinterne Prozesse für die Umsetzung der Integrierten Kommunikation sind in die betrieblichen Abläufe implementiert.	3,88	11,6	13,8	22,5	19,6	7,2	15,2	5,8	4,3
Unternehmensinterne Prozesse wurden den Anforderungen der Integrierten Kommunikation angepasst.	4,20	8,7	14,5	21,7	13,0	12,3	13,8	7,2	8,7
Unternehmensinterne Prozesse erleichtern die Abstimmung zwischen den an der Integrierten Kommunikation beteiligten Kommunikationsabteilungen.	3,91	10,9	14,5	24,6	16,7	10,1	10,1	5,8	7,2
Unternehmensinterne Prozesse stellen eine abteilungsübergreifende Abstimmung der Kommunikation sicher.	3,84	11,6	19,6	21,7	9,4	14,5	10,9	5,8	6,5
Die Prozesse in unserem Unternehmen fördern eine Integrierte Kommunikation.	3,99	10,1	20,3	17,4	14,5	7,2	15,9	9,4	5,1

(Häufigkeiten in Prozent, n = 138)
*Durchschnittswerte einer Skala von 1 = Trifft vollständig zu bis 8 = Trifft nicht zu

(10) Bitte nehmen Sie Stellung zu den folgenden Aussagen bezüglich integrationsorientierter **Kultur** in Ihrem Unternehmen.

Integrationsorientierte Kultur	Mittelwert*	1	2	3	4	5	6	7	8
Der Kenntnisstand über das Thema der Integrierten Kommunikation seitens der Mitarbeiter in unserem Unternehmen ist hoch.	4,59	6,5	10,1	15,9	14,5	16,7	15,9	14,5	5,8
Die Mitarbeiter in unserem Unternehmen sind sich der Bedeutung der Integrierten Kommunikation bewusst.	4,49	8,7	13,8	12,3	18,1	11,6	10,1	18,8	6,5
Die Kooperationsbereitschaft der Mitarbeiter in unserem Unternehmen hinsichtlich der Integrierten Kommunikation ist hoch.	3,80	8,7	18,1	23,9	17,4	12,3	9,4	5,1	5,1
Die Koordinationsbereitschaft der Mitarbeiter in unserem Unternehmen hinsichtlich der Integrierten Kommunikation ist hoch.	3,88	5,1	15,9	29,7	20,3	10,1	8,0	5,1	5,8

(Häufigkeiten in Prozent, n = 138)
*Durchschnittswerte einer Skala von 1 = Trifft vollständig zu bis 8 = Trifft nicht zu

(11) Bitte nehmen Sie Stellung zur **inhaltlichen** Abstimmung der Integrierten Kommunikation in Ihrem Unternehmen.

Inhaltliche Integration	Mittelwert*	1	2	3	4	5	6	7	8
Die Vermittlung von Inhalten erfolgt in einheitlichen Kommunikationsbotschaften.	2,79	18,1	34,8	23,2	9,4	7,2	3,6	2,9	0,7
Zur Vermittlung einer inhaltlichen Botschaft werden gleiche Argumente bei verschiedenen Kommunikationsinstrumenten verwendet.	2,56	19,6	41,3	22,5	5,8	5,1	3,6	1,4	0,7
Die Verwendung einheitlicher Bildelemente wird bei verschiedenen Kommunikationsinstrumenten eingehalten.	2,45	31,2	29,0	21,0	11,6	1,4	2,9	1,4	1,4

(Häufigkeiten in Prozent, n = 138)
*Durchschnittswerte einer Skala von 1 = Trifft vollständig zu bis 8 = Trifft nicht zu

Anhang

(12) Bitte nehmen Sie Stellung zur **formalen** Abstimmung der Integrierten Kommunikation in Ihrem Unternehmen.

Formale Integration	Mittel-wert*	1	2	3	4	5	6	7	8
Die Beachtung formaler Gestaltungsrichtlinien erfolgt bei Zeichen und Logos.	1,38	71,0	21,7	5,8	0,7	0,7	0,0	0,0	0,0
Die Beachtung formaler Gestaltungsrichtlinien bei Slogans ist vorhanden.	1,96	50,7	31,2	6,5	4,3	2,2	2,2	1,4	1,4
Die Beachtung formaler Gestaltungsrichtlinien erfolgt bei Schrifttypen.	1,70	56,5	27,5	10,9	2,9	0,7	0,0	0,7	0,7

(Häufigkeiten in Prozent, n = 138)
*Durchschnittswerte einer Skala von 1 = Trifft vollständig zu bis 8 = Trifft nicht zu

(13) Bitte nehmen Sie Stellung zur **zeitlichen** Abstimmung der Integrierten Kommunikation in Ihrem Unternehmen.

Zeitliche Integration	Mittel-wert*	1	2	3	4	5	6	7	8
Innerhalb eines Kommunikationsinstrumentes sind die einzelnen Kommunikationsmaßnahmen/-mittel zeitlich aufeinander abgestimmt.	2,45	26,8	34,1	18,8	13,0	2,9	3,6	0,7	0,0
Der Einsatz verschiedener Kommunikationsinstrumente wird zeitlich innerhalb einer Planungsperiode aufeinander abgestimmt.	2,49	26,1	36,2	18,1	10,9	3,6	2,9	0,7	1,4
Der Einsatz verschiedener Kommunikationsinstrumente wird zeitlich über mehrere Planungsperioden hinweg aufeinander abgestimmt.	3,35	15,2	25,4	23,2	14,5	5,1	5,1	7,2	4,3

(Häufigkeiten in Prozent, n = 138)
*Durchschnittswerte einer Skala von 1 = Trifft vollständig zu bis 8 = Trifft nicht zu

(14) Die **Umsetzung** der Integrierten Kommunikation ist in der Praxis mit Problemen verbunden. Inwieweit treffen die aufgeführten **Probleme** auf Ihr Unternehmen zu?

Probleme	Mittelwert*	1	2	3	4	5	6	7	8
Mangelndes Konzept der Integrierten Kommunikation.	4,30	11,6	15,2	18,8	13,0	5,1	12,3	10,9	13,0
Unvollständige Einbindung aller Kommunikationsinstrumente.	4,17	10,1	13,8	22,5	13,8	8,7	13,8	8,0	9,4
Mangelnde oder problematische Erfolgskontrolle.	3,21	20,3	29,7	15,2	8,7	10,9	4,3	6,5	4,3
Fehlen von Abstimmungs- und Entscheidungsregeln.	4,17	10,1	15,9	21,0	14,5	4,3	13,8	12,3	8,0
Fehlende Daten zur Beurteilung der Integrierten Kommunikation.	3,62	18,1	16,7	25,4	8,0	8,7	8,7	8,7	5,8
Lückenhaftes Verständnis der Integrierten Kommunikation im mittleren Management.	3,86	10,9	18,1	26,1	10,1	9,4	10,1	10,1	5,1
Fehlende Verankerung der Integrierten Kommunikation in den Unternehmensgrundsätzen/Leitlinien.	4,17	8,7	23,9	13,8	13,0	8,7	11,6	8,0	12,3
Bereichs- bzw. Abteilungsdenken der Mitarbeiter.	3,91	12,3	21,7	19,6	8,0	6,5	15,2	13,0	3,6
Fehlende Einsicht der Mitarbeiter in die Notwendigkeit einer Integrierten Kommunikation.	4,22	8,0	16,7	20,3	11,6	14,5	9,4	11,6	8,0
Informationsüberlastung der Mitarbeiter.	3,78	14,5	18,1	19,6	15,2	7,2	11,6	8,0	5,8
Zeitliche Überlastung der Mitarbeiter.	3,40	18,8	23,2	22,5	8,0	8,0	7,2	6,5	5,8

(Häufigkeiten in Prozent, n = 138)
*Durchschnittswerte einer Skala von 1 = Trifft vollständig zu bis 8 = Trifft nicht zu

(15) Wie **verteilt sich das Kommunikationsbudget** Ihres Unternehmens prozentual auf die Kommunikationsinstrumente? Bitte nehmen Sie eine grobe Schätzung vor.

Instrumente	Mittelwert*
Mediawerbung	17,45
Persönlicher Verkauf/Vertrieb	16,06
PR/Öffentlichkeitsarbeit	15,25
Direct-Marketing	8,99
Online-Marketing	8,86
Mitarbeiterkommunikation	8,09
Kundenbindung/CRM	8,02
Messen/Ausstellungen	7,86
Event-Marketing	7,28
Verkaufsförderung	6,92
Sponsoring	6,14
Verpackung	4,83
Social Media	3,84
Sonstige	1,2

*Mittelwerte der angegebenen Prozentwerte (n = 138)

Teil E: Kontrolle der Integrierten Kommunikation

(1) Welche der folgenden **Instrumente** setzen Sie zur **Messung des Kommunikationserfolges** im Rahmen der Integrierten Kommunikation ein? (Mehrfachantworten möglich)

Kontrollmechanismen	Instrumenteeinsatz vorhanden
Kundenbefragungen	68,8
Markt- und Meinungsforschung	57,2
Mitarbeiterbefragungen	63,8
Außendienstberichte	37,7
Auswertung von Presseberichten	65,2
Auswertung von Mediawerten	45,7
Recall-/Recognitiontests	21,0
Einzelexplorationen	11,6
Keine	5,1

(Häufigkeiten in Prozent, n = 138)

(2) Welche der folgenden **Kennzahlen** setzen Sie zur **Steuerung** der Integrierten Kommunikation ein? (Mehrfachantworten möglich)

Kennzahlen	Kennzahlen vorhanden
Return on Communication	20,3
Marktanteil	50,0
Markenwert	26,8
Kundenbindung	40,6
Recall-Werte	28,3
Recognition-Werte	28,3
Keine	24,6

(Häufigkeiten in Prozent, n = 138)

Anhang

(3) Setzt Ihr Unternehmen **Instrumente des Kommunikationscontrollings** im Rahmen der Integrierten Kommunikation ein?

Ja	Nein	Nein, aber geplant
20,3	53,6	26,1

Falls ja, welche **Instrumente des Kommunikationscontrollings** setzt Ihr Unternehmen im Rahmen der Integrierten Kommunikation ein?
- Marktforschung und Statistiken
- Auswertungen von Onlineaktivitäten
- Formen der Mediaanalyse
- Kennzahlen der unternehmens- und kampagnenbezogenen Erfolgsmessung
- Return-on-Investment-bezogene Kennzahlen
- Budgetcontrolling

(Häufigkeiten in Prozent, n = 138)

(5) Auf welcher **Ebene** erfasst ihr Unternehmen den **Erfolg von Kommunikationsmaßnahmen**? (Mehrfachantworten möglich)

Ebene	Häufigkeiten in Prozent
Keine Erfassung	11,6
Erfolgsmessung für einzelne Instrumente	60,1
Erfolgsmessung von Verbundeffekten mehrerer Instrumente	20,3
Erfolgsmessung auf Kampagnenebene	53,6
Erfolgsmessung auf Marktebene	34,1
Erfolgsmessung auf Unternehmensebene	37,0

(Häufigkeiten in Prozent, n = 138)

(6) Erfasst Ihr Unternehmen **Synergieeffekte** verschiedener Kommunikationsinstrumente?

Nein	Nein, aber geplant	Ja, auf qualitativer Ebene	Ja, auf quantitativer Ebene	Ja, auf qualitativer und quantitativer Ebene
49,3	16,7	16,7	8,7	8,7

(Häufigkeiten in Prozent, n = 138)

Teil F: Zukunftsperspektiven der Integrierten Kommunikation

(1) Wie groß schätzen Sie die nachfolgend aufgeführten **Gefahren** der Integrierten Kommunikation ein?

Gefahren	Mittelwert*	1	2	3	4	5	6	7	8
Flexibilitätsverluste und mangelnde Anpassungsfähigkeit.	4,64	1,4	14,5	26,1	8,0	10,1	15,9	14,5	9,4
Kreativitätsverlust bei den Mitarbeitern durch Vorgaben.	4,51	8,0	13,0	21,7	5,1	12,3	18,1	13,0	8,7
Uniforme/monotone Kommunikation.	4,78	3,6	14,5	15,2	13,0	10,9	15,9	16,7	10,1
Erschwerte Kontrollmöglichkeiten.	5,38	0,7	10,1	10,9	12,3	11,6	18,1	21,0	15,2
Negative Synergieeffekte bei fehlerhafter Kommunikation.	4,41	7,2	15,2	15,2	16,7	11,6	15,2	8,7	10,1
Erhöhter Zeitbedarf durch umfangreiche interne Abstimmungsprozesse.	3,64	10,9	22,5	26,8	10,9	5,0	12,3	5,8	5,1

(Häufigkeiten in Prozent, n = 138)
*Durchschnittswerte einer Skala von 1 = Sehr große Gefahr bis 8 = Keine Gefahr

(2) Welche **Bedeutung** würden Sie der Integrierten Kommunikation in Ihrem Unternehmen für die Zukunft als **strategischer Erfolgsfaktor** beimessen?

Sehr große Bedeutung	Eher große Bedeutung	Eher geringe Bedeutung	Keine Bedeutung
34,1	59,4	6,5	0,0

(Häufigkeiten in Prozent, n = 138)

Anhang

(3) Wo sehen Sie die zentralen **zukünftigen Herausforderungen** der Integrierten Kommunikation?

Herausforderungen	Mittelwert*	1	2	3	4	5	6	7	8
Erfolgsnachweis Integrierter Kommunikation.	2,51	32,6	34,1	13,8	8,0	2,2	1,4	5,8	2,2
Integration von Social Media in den Kommunikationsmix.	3,14	23,2	21,7	19,6	15,9	5,1	5,8	4,3	4,3
Integration von Online-Kommunikation in den Kommunikationsmix.	3,69	14,5	21,0	16,7	17,4	8,0	9,4	8,0	5,1
Umgang mit dem Kontrollverlust in der Kommunikation.	3,96	12,3	13,8	23,2	12,3	13,0	10,9	9,4	5,1
Optimierung der Zusammenarbeit von Marketing- und Unternehmenskommunikation.	3,67	13,8	24,6	18,8	13,8	4,3	9,4	7,2	8,0
Auswahl von Agenturen, die den Anforderungen der Integrierten Kommunikation im Zeitalter von Social Media & Co. gewachsen sind.	4,43	10,1	19,6	14,5	13,0	5,1	7,2	14,5	15,9
Erfolgsbasierte Vergütungssysteme für Integrierte Kommunikation.	5,17	3,6	12,3	13,8	14,5	7,2	10,9	13,0	24,6
Integration dezentraler Kommunikation (räumlich oder inhaltlich).	3,86	9,4	26,1	15,9	16,7	9,4	5,1	7,2	10,1
Integration von Employer Branding/Employee Branding/Interner Kommunikation.	4,04	10,1	19,6	16,7	14,5	13,0	9,4	8,7	8,0
Zielgruppendifferenzierung im Rahmen der Integrierten Kommunikation.	3,64	13,8	18,1	21,0	17,4	9,4	10,9	6,5	2,9
Vervielfältigung kommunikativer Kontaktpunkte mit Stakeholdern.	3,83	12,3	23,2	14,5	13,0	14,5	6,5	10,1	5,8

(Häufigkeiten in Prozent, n = 138)
*Durchschnittswerte einer Skala von 1 = Trifft vollständig zu bis 8 = Trifft nicht zu

Teil G: Social Media

(1) Seit wann setzt Ihr Unternehmen Social Media im Kommunikationsmix ein?

Bisher nicht	Weniger als 6 Monate	6-12 Monate	1-2 Jahre	2-3 Jahre	Mehr als 3 Jahre
31,2	8,7	15,9	22,5	14,5	7,2

(Häufigkeiten in Prozent, n = 138)

(2) Wofür setzt Ihr Unternehmen Social Media im Zuge der Integrierten Kommunikation ein?

Zweck	Mittelwert*	1	2	3	4	5	6	7	8
Zusätzliche Verbreitung von Botschaften.	2,14	44,2	25,3	22,1	2,1	1,1	1,1	1,1	3,2
Bessere Koordination von Kommunikationsaufgaben.	5,36	2,1	9,5	12,6	15,8	8,4	13,7	13,7	24,2
Integration von spezifischen Stakeholdern in die Gestaltung der Integrierten Kommunikation.	4,49	9,5	17,9	15,8	10,5	9,5	9,5	8,4	18,9
Zur direkten Steuerung und Beeinflussung des durch Stakeholder wahrgenommenen Unternehmensbildes.	4,33	7,4	17,9	15,8	16,8	11,6	9,5	8,4	12,6
Ermittlung der Wahrnehmung des Unternehmens aus Sicht der Stakeholder.	4,58	10,5	12,6	16,8	13,7	8,4	8,4	11,6	17,9
Als eigenständiges Instrument im Rahmen der Integrierten Kommunikation.	3,84	13,7	22,1	16,8	11,6	9,5	8,4	11,6	6,3

(Häufigkeiten in Prozent, n = 95)
*Durchschnittswerte einer Skala von 1 = Sehr stark bis 8 – Gar nicht

Anhang

(3) Welche Social Media Anwendungen nutzen Sie in Ihrem Unternehmen im Rahmen der Integrierten Kommunikation?

Social Media-Anwendung	Mittelwert*	1	2	3	4	5	6	7	8
Wikis	6,03	4,2	8,4	5,3	12,6	7,4	5,3	7,4	49,5
Social Bookmarks	6,48	4,2	8,4	1,1	4,2	6,3	8,4	13,7	53,7
Online Audio & Video (z.B.: Pod- & Vodcasts)	4,62	12,6	21,1	11,6	8,4	4,2	7,4	4,2	30,5
Weblogs	5,82	9,5	8,4	10,5	5,3	4,2	3,2	8,4	50,5
Microblogs (z.B.: Twitter)	4,94	17,9	8,4	12,6	7,4	5,3	7,4	7,4	33,7
Virtual Worlds & Games	7,34	1,1	2,1	1,1	2,1	5,3	6,3	4,2	77,9
Social Network Sites (z.B.: Facebook)	2,83	40,	20,0	12,6	7,4	4,2	4,2	3,2	8,4
Foto & Slidesharing	5,16	11,6	8,4	13,7	11,6	2,1	11,6	8,4	32,6
Mobile Applikationen (z.B.: QR Codes, Apps)	4,64	18,9	8,4	17,9	7,4	6,3	5,3	4,2	31,6
Mash-ups	7,20	2,1	1,1	4,2	4,2	3,2	1,1	9,5	74,7
Location-based Services	6,92	2,1	3,2	4,2	6,3	5,3	1,1	10,5	67,4

(Häufigkeiten in Prozent, n = 95)
*Durchschnittswerte einer Skala von 1 = Sehr stark bis 8 = Gar nicht

(4) Welcher **Stellenwert** kommt Social Media im Rahmen der Integrierten Kommunikation in Ihrem Unternehmen zu?

Mittelwert*	1	2	3	4	5	6	7	8
4,21	6,3	10,5	24,2	18,9	10,5	15,8	11,6	2,1

(Häufigkeiten in Prozent, n = 95)
*Durchschnittswerte einer Skala von 1 = Sehr grosse Bedeutung bis 8 = Keine Bedeutung

(5) Wie umfassend wird Social Media derzeit in den **Kommunikationsmix** Ihres Unternehmens integriert?

Mittelwert*	1	2	3	4	5	6	7	8
4,14	9,5	17,9	15,8	9,5	17,9	16,8	8,4	4,2

(Häufigkeiten in Prozent, n = 95)
*Durchschnittswerte einer Skala von 1 = Vollständig bis 8 = Überhaupt nicht

(6) Wo sehen Sie die größten **inhaltlichen Herausforderungen** bei der Integration von Social Media in den Kommunikationsmix?

Inhaltliche Herausforderungen	Mittelwert*	1	2	3	4	5	6	7	8
Auswahl passender eigener Social Media-Botschaften im Rahmen der Integrierten Kommunikation.	2,95	17,9	29,5	25,3	10,5	6,3	5,3	5,3	0,0
Beschränkte Kontrollmöglichkeiten von Social Media Kommunikation.	3,19	22,1	27,4	16,8	7,4	10,5	4,2	8,4	3,2
Entwicklung von Richtlinien zur Integration von Social Media in den Kommunikationsmix.	3,63	8,4	24,2	24,2	16,8	9,5	3,2	9,5	4,2
Professionalisierung des Einsatzes von Social Media für die Unternehmens/Marketingkommunikation.	2,55	27,4	34,7	20,0	6,3	4,2	3,2	1,1	3,2
Umgang mit Themen- und Meinungsvielfalt in Social Media.	2,96	25,3	27,4	16,8	11,6	6,3	4,2	5,3	3,2

(Häufigkeiten in Prozent, n = 95)
*Durchschnittswerte einer Skala von 1 = Sehr große Bedeutung bis 8 = Keine Bedeutung

(7) Wo sehen Sie die größten **organisatorischen Herausforderungen** bei der Integration von Social Media in den Kommunikationsmix?

Organisatorische Herausforderungen	Mittelwert*	1	2	3	4	5	6	7	8
Klärung von Zuständigkeiten und Verantwortlichkeiten für Social Media im Unternehmen.	3,46	29,5	11,6	16,8	11,6	7,4	7,4	10,5	5,3
Schaffung von Schnittstellen zwischen Bereichen im Umgang mit Social Media.	3,34	26,3	16,8	17,9	14,7	3,2	7,4	8,4	5,3
Bereichsübergreifender Informationsaustausch und Zusammenarbeit im Umgang mit Social Media.	3,00	27,4	27,4	11,6	13,7	4,2	6,3	6,3	3,2

(Häufigkeiten in Prozent, n = 95)
*Durchschnittswerte einer Skala von 1 = Sehr große Bedeutung bis 8 = Keine Bedeutung

Anhang

(8) Wo sehen Sie die größten **personellen Herausforderungen** bei der Integration von Social Media in den Kommunikationsmix?

Personelle Herausforderungen	Mittelwert*	1	2	3	4	5	6	7	8
Klare Regelung der Abstimmung zwischen Verantwortlichen für Social Media und andere Kommunikationsinstrumente.	3,16	25,3	29,5	13,7	4,2	6,3	9,5	7,4	4,2
Förderung der Bereitschaft zur Zusammenarbeit zwischen Verantwortlichen für Social Media und andere Kommunikationsinstrumente.	3,40	17,9	30,5	13,7	8,4	10,5	5,3	7,4	6,3
Förderung des regelmäßigen Informationsaustausches zwischen Verantwortlichen für Social Media und andere Kommunikationsinstrumente.	3,09	25,3	27,4	14,7	10,5	6,3	4,2	6,3	5,3

(Häufigkeiten in Prozent, n = 95)
*Durchschnittswerte einer Skala von 1 = Sehr große Bedeutung bis 8 = Keine Bedeutung

(9) Welche **Unternehmensbereiche** sind in Ihrem Unternehmen bei der Social Media Kommunikation beteiligt?

Unternehmensbereich	Mittelwert*	1	2	3	4	5	6	7	8	Nicht vorhanden
Geschäfts-/Unternehmensleitung	4,67	16,8	5,3	11,6	10,5	4,20	7,4	13,7	25,3	5,3
Marketing	2,41	33,7	9,5	11,6	5,3	7,4	10,5	1,1	3,2	17,9
Marketing-Kommunikation	1,87	42,1	13,7	11,6	3,2	5,3	3,2	0,0	3,2	17,9
PR/Öffentlichkeitsarbeit	2,35	42,1	14,7	11,6	4,2	4,2	5,3	0,0	7,4	10,5
Vertrieb/Außendienst	4,29	2,1	4,2	3,2	5,3	9,5	5,3	10,5	29,5	30,5
Kommunikationsmanager	1,68	33,7	9,5	12,6	1,1	2,1	1,1	2,1	5,3	32,6
Markenmanagement	2,63	12,6	2,1	7,4	4,2	7,4	6,3	2,1	14,7	43,2
Produktmanagement	3,57	5,3	6,3	4,2	11,6	6,3	11,6	6,3	16,8	31,6
Mediawerbung	3,18	6,3	7,4	6,3	5,3	8,4	6,3	8,4	14,7	36,8
Direct-Marketing	3,28	5,3	5,3	6,3	2,1	8,4	6,3	5,3	21,1	40,0

Event-Marketing	3,31	7,4	6,3	4,2	7,4	7,4	4,2	12,6	14,7	35,8
Sponsoring	2,96	7,4	9,5	4,2	6,3	4,2	4,2	8,4	15,8	40,0
Online-Marketing	2,32	27,4	8,4	10,5	6,3	1,1	3,2	3,2	10,5	29,5
Social Media	1,51	52,6	7,4	2,1	3,2	0,0	1,1	1,1	6,3	26,3
Kundenbindungsmanagement/CRM	3,94	4,2	6,3	9,5	3,2	9,5	4,2	6,3	27,4	29,5
Externe Kommunikationsagentur	3,35	3,2	13,7	6,3	7,4	6,3	3,2	5,3	21,1	33,7
Personal/Human Resource	4,26	4,2	7,4	8,4	6,3	4,2	7,4	11,6	26,3	24,2
Technik/IT	4,44	2,1	7,4	5,3	13,7	7,4	6,3	12,6	24,2	21,1
Qualitätsmanagement	4,29	3,2	2,1	4,2	3,2	2,1	5,3	7,4	37,9	34,7
Interne Kommunikation	3,69	15,8	8,4	8,4	8,4	3,2	8,4	7,4	20,0	20,0

(Häufigkeiten in Prozent, n = 95)
*Durchschnittswerte einer Skala von =1 Intensiv beteiligt bis 8 = Nicht beteiligt

(10) Wie stellen Sie eine **konsistente Kommunikation im Rahmen der Social Media-Kommunikation** sicher?

Konsistente Kommunikation	Mittelwert*	1	2	3	4	5	6	7	8
Bündelung aller Kommunikationsverantwortung bei einer übergeordneten Stelle/Abteilung.	3,22	33,7	21,1	10,5	8,4	4,2	6,3	4,2	11,6
Verantwortung für Social Media liegt bei einer Stelle/Abteilung.	2,63	47,4	20,0	9,5	4,2	5,3	1,1	3,2	9,5
Regelmäßiger, abteilungsübergreifender Austausch zu Social Media Aktivitäten.	3,62	15,8	22,1	25,3	9,5	3,2	7,4	6,3	10,5
Verbindlicher Prozess zur Entwicklung von Kommunikationsinhalten für sämtliche Kommunikationsinstrumente.	4,12	11,6	20,0	16,8	12,6	5,3	14,7	7,4	11,6
Abstimmung durch betreuende Kommunikationsagentur.	6,03	5,3	7,4	7,4	11,6	5,3	5,3	6,3	51,6
Frühzeitige Einbeziehung von Stakeholdern in Konzeption und Inhalte.	4,95	2,1	14,7	18,9	10,5	12,6	8,4	10,5	22,1

(Häufigkeiten in Prozent, n = 95)
*Durchschnittswerte einer Skala von =1 Trifft vollständig zu bis 8 = Trifft nicht zu

…

Teil H: Allgemeine Fragen

(1) Welcher **Kategorie** ist Ihr Unternehmen hauptsächlich zuzuordnen?

Verbrauchs-güterhersteller	Gebrauchs-güterhersteller	Hersteller industrieller Güter	Dienstleistungsanbieter	Öffentliches Unternehmen/Nonprofit	Sonstiges
8,0	5,1	15,2	47,1	13,0	11,6

(Häufigkeiten in Prozent, n = 138)

(2) Wo befindet sich der **Hauptsitz** Ihres Unternehmens?

In Deutschland	In Österreich	In der Schweiz	In einem anderen Land
11,6	37,7	44,9	5,8

(Häufigkeiten in Prozent, n = 138)

(3) Wie viele **Mitarbeiter** beschäftigt Ihr Unternehmen ungefähr?

Mitarbeiterzahl	0-100	101-500	501-1.000	>1000	Durchschnittswert*
Mitarbeiter 2012 (Inland)	26,1	26,8	11,6	35,5	3.024,36

Mitarbeiterzahl	0-1.000	1.001-5.000	5.001-10.000	>10.000	Durchschnittswert*
Mitarbeiter 2012 (weltweit)	62,3	10,1	8,70	18,8	15.678,63

(Häufigkeiten in Prozent, n = 138)

(4) Hat sich seit der Beschäftigung mit Integrierter Kommunikation der **Bekanntheitsgrad, das Image, die Kundenzufriedenheit und die Kundenbindung** Ihres Unternehmens verbessert?

Messgröße	Mittelwert*	1	2	3	4	5	6	7	8
Bekanntheitsgrad	2,90	9,4	23,9	37,7	26,1	2,2	0,7	0,0	0,0
Image	2,87	11,6	24,6	34,8	25,4	1,4	2,2	0,0	0,0
Kundenzufriedenheit	3,05	5,8	28,3	29,7	29,7	4,3	2,2	0,0	0,0
Kundenbindung	3,12	5,1	28,3	29,0	26,8	8,7	2,2	0,0	0,0

(Häufigkeiten in Prozent, n = 138)
*Durchschnittswerte einer Skala von =1 Sehr verbessert bis 8 = Sehr verschlechtert

(5) Hat sich seit der Beschäftigung mit Integrierter Kommunikation **Umsatz, Gewinn und Rentabilität des Gesamtkapitals (ROI)** Ihres Unternehmens verbessert?

Messgröße	Mittelwert*	1	2	3	4	5	6	7	8
Umsatz	2,98	14,5	28,3	15,9	30,4	8,7	1,4	0,7	0,0
Gewinn	3,26	10,9	18,8	21,0	34,8	13,0	0,0	1,4	0,0
ROI	3,34	7,2	25,4	14,5	37,0	12,3	2,2	1,4	0,0

(Häufigkeiten in Prozent, n = 138)
*Durchschnittswerte einer Skala von =1 Sehr verbessert bis 8 = Sehr verschlechtert

(6) Welchem der folgenden Funktionsbereiche würden Sie sich am ehesten zuordnen?

Marketingkommunikation (Absatzfokus)	Unternehmenskommunikation (Imagefokus)	Übergeordnete Stelle für die Gesamtkommunikation	Sonstiges
31,9	21,7	40,6	5,8

(Häufigkeiten in Prozent, n = 138)

Printed by Books on Demand, Germany